营销标准化
B2B 新利器

赵雅君　简惠宽　许宇航　著

中国科学技术出版社

·北　京·

图书在版编目（CIP）数据

营销标准化：B2B 新利器 / 赵雅君，简惠宽，许宇
航著 . -- 北京：中国科学技术出版社，2021.3

ISBN 978-7-5046-8666-4

Ⅰ. ①营… Ⅱ. ①赵… ②简… ③许… Ⅲ. ①企业管
理—营销管理—研究 Ⅳ. ① F274

中国版本图书馆 CIP 数据核字（2020）第 237280 号

策划编辑	杜凡如　许云峰
责任编辑	陈　洁
版式设计	锋尚设计
封面设计	马筱琨
责任校对	张晓莉
责任印制	李晓霖

出　　版	中国科学技术出版社
发　　行	中国科学技术出版社有限公司发行部
地　　址	北京市海淀区中关村南大街 16 号
邮　　编	100081
发行电话	010-62173865
传　　真	010-62173081
网　　址	http://www.cspbooks.com.cn

开　　本	880mm×1230mm　1/32
字　　数	150 千字
印　　张	7.375
版　　次	2021 年 3 月第 1 版
印　　次	2021 年 3 月第 1 次印刷
印　　刷	北京顶佳世纪印刷有限公司
书　　号	ISBN 978-7-5046-8666-4/F·915
定　　价	59.00 元

缔造企业组织力

中国企业在取得长足发展的同时也迎来了新的挑战期。除了商业模式的创新，企业还要重视技术、产品、服务和市场方面的创新。然而，最重要的基础课题是提高核心业务流程的有效性，在这方面，中国企业需要进一步钻研。

这对企业运用工业工程、价值工程、统计技术和信息技术，作为组织实现损失最小化和效率最大化的能力提出了要求。

技术和制造是营销的一部分，市场营销是从产品—服务的开发到销售的全过程，也就是经营本身。经营的本质是提高企业的流动性。

建立营销—研发—生产一体化的产品开发机制，实现客户轴、产品轴和供应链轴三轴联动是很重要的。

营销必须标准化，营销务必标准化。东京大学藤本隆宏教授说："通过强化内在竞争力，实现强大的外在竞争力，从而在价格竞争市场中创造非价格竞争力。"我认为这不是理论观点，而是具体的经营手法。

零牌顾问机构基于缔造企业组织力的需要，推出面向企业家、职业经理人和新时代员工的"零牌管理书系"，我借此机会向大家推荐这一系列书籍。

木元哲

松下（中国）前总裁

中国企业进入了文化引领未来、战略驱动发展和人才赋能组织的新时代。

零牌顾问机构深入企业经营一线、融入客户团队，是实战派、落地型咨询公司。其出版的管理书系为企业高质量发展提供助力。唐人神集团与零牌顾问机构战略合作，继续为中国大农业做贡献。

陶一山

唐人神集团创始人、董事长

新冠疫情来袭迫使企业不同程度上按下暂停键。如何穿越危机，强健体质，提高组织免疫力是企业经营者共同关注的主题。

祖林老师及零牌顾问机构团队长期深耕中国制造企业，以智力兴企、产业报国为使命，探讨企业如何化危为机、迈向长寿企业之道，值得我们深入学习。

欧阳桃花

北京航空航天大学经管学院教授、博士生导师，经营学博士

企业在不同发展阶段面临不同的挑战甚至危机，战战兢兢、如履薄冰，主动推动组织变革，在持续创业、接力经营中不断提高企业的成熟度，

修炼组织智慧，这条路永无止境。

零牌顾问机构20年市场历练，以国际视野和专业能力为不同行业、不同地域和不同发展阶段的企业提供智囊服务，是企业值得信赖的战略伙伴，零牌管理书系承载了他们的实践智慧和价值分享，值得品读。

刘永刚

江苏省建筑科学研究院有限公司副董事长、院长

在哈尔滨中央红集团，我们特别推崇一个"钻"字。钻是一种专注，钻是一种执着，钻是一种深入。我们每个人都在学习中成长，在钻研中成才，在积累中提升。喜欢钻研的人不只有钻劲儿，他们大多都会用勤奋来为自己正名。祖林老师及零牌顾问机构团队就是这样一批爱"钻"又勤奋的人。

这套零牌管理书系，既是他们长期耕耘于企业管理咨询一线的辛勤成果，也是中国企业这些年飞速成长的精彩缩影。

我推荐大家一起来阅读，一起来做"有灵魂"的企业，做有"生命力"的企业。

栾　芳

哈尔滨中央红集团股份有限公司董事长

我特别推荐祖林老师的著作《危机应激：升级企业免疫力》。这本书里有句话说得特别好："抓住正在涌来的战略机遇，建立新的肌体免疫力。"面对新冠疫情，品胜的经营目标不仅没有受到大的影响，反而实现了增长。这种"免疫力"的建立，一方面是因为品胜是一家特别愿意去"折腾"的企业，愿意主动去迎接变革，另一方面是因为品胜抓住了产业互联网的战略机遇，开启了PISEN MORE生态战略，找到了全新的增长极。

我们现在的梦想是"把华强北装进品胜"，希望把中国的3C数码行业装进品胜。在此，也祝愿零牌未来能把更多的优质管理创新思维"装进"企业家的头脑里，帮助更多的中国企业渡过危机，实现可持续经营，创造出越来越多健康长寿的中国企业。

赵国成

品胜股份董事长

当前，疫情及其"后遗症"破坏了不少行业很多企业原有的发展路径。行业与市场是触底或是攀升成为企业最关心的课题，企业家该如何精准定位当前经济形势？如何解码企业增长新路径？这套零牌管理书系宛如黑夜里的明灯，为砥砺前行中的企业指引了方向。

这套书的创作历程，就像登山的过程，都是在打造"自我韧劲"，也是被"自我韧劲"所引领。这种韧劲无声，却如光与火，让我们在面对困难或者逆境时能有效应对和适应，在压力的威胁下能够顽强持久、坚韧不拔，在挫折后能成长和新生！

谨以华耐家居所信奉并坚持的八个字"征无止境，勇于攀登"，祝愿本套书系畅销！

李 琦

蚁安居董事长、华耐家居副董事长

从硬性技术到软性技巧、从扎实的理论基础到丰富的实战经验、从西方管理科学的量化与严谨到东方管理哲学的睿智和圆通，零牌顾问机构把挂在墙上、印在书上、传播在手机上的一场场成功的企业变革摘下来，落地成行之有效的方法，从创新管理和创新产品两个方面以双轮驱动的方式助力企业自身的可持续发展，把企业体内的衰老因子赶出去，焕活企业、再造企业。

就像零牌顾问机构一直秉持的"智力兴企、产业报国"，其出版的零牌管理书系不仅仅是"中国经管类口袋书"，更是企业的第三只眼睛、第三方力量，为中国企业整合全球资源，提供源源不断的管理方法，实现企业核心力量的实效落地、实务发展。

谢 坚

红星美凯龙家居集团总裁兼装修产业集团CEO

智力兴企　产业报国

　　为朋友救场的一堂企业物流管理实务课，直接导致一个中国咨询机构的诞生。从2001年4月8日第一次正式向客户提交项目方案发展至今，零牌顾问机构创立已二十年左右，见证了中国企业融入全球经济一体化的过程，参与了中国企业持续变革、崛起于世界舞台的历史进程。2020年9月3日，零牌北京总部入驻开业，广州和北京双总部，零牌顾问机构进入了南北同步驱动、赋能全国企业的新征程。

　　二十年来，零牌顾问机构经历了组建工作室（零牌专家组）、知识产品开发、成立公司、品牌再造、全面业务拓展、覆盖全国市场和迈向全球业务等多个阶段，现在是一家有一定影响力和知名度的全国性咨询机构。

　　2005年9月，作为零牌顾问机构创始人，初露矛头的我进入华南理工大学工商管理学院兼职任教，担任生产运营管理课程教学工作；2009年5月，被聘为中山大学高等继续教育学院兼职教授，主讲组织行为学；之后，我陆续在清华大学继续教育学院、华中科技大学管理学院等商学院受聘担任课程教授。2010年起，零牌顾问机构的专家团队已经常态化地在华南理工大学和中山大学的讲台上为中国产业发展服务，十多年大学工商管理教学历练，极大地推进了零牌顾问机构的理论体系建设。

助力企业提升一体化运营水平，重塑市场竞争力

零牌顾问机构聚焦于企业一体化运营研究，帮助企业打通营销、研发和生产，通过一体化运营快速响应市场，实现战略、流程和组织一体化，推动理念层、战略层和运营层一体化，通过跨界学习突破发展瓶颈。

简而言之，零牌顾问机构是一家为企业提供全职能模块辅导的咨询公司，我们没有局限于人力资源或精益生产这样的单一模块，而是为企业提供类似全科医生这样的整体服务。

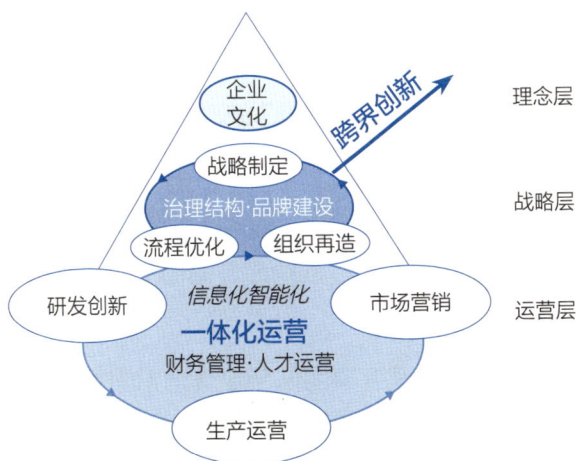

企业一体化运营地图

在运营层面，营销、研发、生产、财务管理、人才运营（人力资源管理）和信息化智能化（架构设计）六大模块，我们都有非常成功的案例；在战略层面，中期战略制定、组织再造、品牌建设、流程优化、治理结构和跨界创新六大模块，我们每年都有五十个以上的项目，在顶层设计上协助企业蜕变成长；在二代接班、员工代际转换和新业态涌现的历史阶段，企业文化建设也是很多企业加强软实力的重要工作，从2014年开始，零牌顾问机构陆续为先尼科（上海）、劳卡全屋定制、恒基地产集团、远华新材和厦门及时雨焊料等数十家企业提供了专业辅导，覆盖精神文化萃取、文化体系构建、文化传媒企划和行为文化建设等。

我们帮助企业建设硬实力和软实力，通过提高内在竞争力进而提高外在竞争力，不仅提高价格竞争力，还同步提高非价格竞争力，最终实现综合竞争力提升。

智力兴企，赋能中国产业

作为智囊机构，我们非常重视技术原创，二十年来，零牌顾问机构开发和建设了拥有自主知识产权的知识库，包括技术地图库、课程提纲库、讲义库、练习库、案例库、音像案例库、项目案例库、调查问卷库、试题库、原创文章库、管理书系和音像课程库等。

零牌知识库是零牌专家团队与全球前沿思想和中国本土实践一体化互动的结晶，其开发过程逐步形成了零牌顾问机构的技术创新特色。二十年来，零牌顾问机构从以现场为中心的精

概念·方案

功能性能

传播能力

营销创新

交易能力

产品竞争力

系统竞争力

技术竞争力

营销竞争力

服务能力

核心竞争力

基础竞争力

成本竞争力

质量竞争力

零件技术力

设计技术力

制造技术力

企业综合竞争力提升地图

益生产逐步拓展到制造人力资源、销—研—产一体化，从接受华南理工大学工商管理学院关于先进制造技术（AMT）和先进制造业（AMI）的研究，逐步拓展到组织变革和企业顶层设计，关于世界级制造（WCM）和工业4.0的研究，也激发了我们帮助中国企业迈向世界级经营的动力。

不论研究领域如何演变，零牌顾问机构始终以一体化运营为内核，从营销、研发和生产一体化，到战略、流程和组织一体化，再到理念层、战略层和运营层一体化，二十年来，零牌顾问机构与时俱进，取得了一系列理论创新成果，"水样组织""一体化运营""跨界工作机制""逆算营销""营销标准化""人才盘点""降成本作战地图"……这些读来新鲜的工商管理词汇，是切实指导零牌顾问机构推动企业组织蜕变、强化国际竞争力、构建组织DNA的理论武器。

正是有理论体系的创新支持，零牌顾问机构在市场竞争中独树一帜，业务领域从培训、咨询拓展到全球跨界学习、企业家经营塾（零牌木元塾）、全球资源和智慧企业，常客户群不断扩大，从五百强外资企业、民营企业、上市公司到创业型企业，客户生命周期续创新高，零牌课堂也从中国拓展到日本、美国和德国等。

为了更好地助力中国产业，零牌顾问机构的知识产品从课程、辅导拓展到管理书籍、云课程，与客户的互动方式也从单一的线下拓宽到线上，建立了线上线下一体化的辅导和培训交付模式。

在制定第一版企业文化的时候，我们确立的愿景是：零牌顾问机构致力于成就中国管理咨询行业独具特色的顾问公司，成为员工个人成长和事业发展的平台。多年下来，从内心的追求、经营的实践和市场的反馈，我们逐步明确了零牌的特色是道术融合，推进企业三层次一体化，实战落地，持续战略陪伴；零牌人彼此成就、相融共生，由利益共同体迈上事业共同体，迈向命运共同体。

零牌管理书系，服务更多的中国企业

早在2003年，担任首席顾问的我就有一个愿望：有朝一日在一家出版社全面出版"零牌领导力书系"，随着零牌顾问机构的发展，这个愿望也日益强烈。2013年，当零牌技术地图库达到100张地图时，突然涌现了出版《零牌技术地图集》的灵感和冲动，我发现：零牌领导力书系该破壳而出了。2015年，零牌领导力书系正式起航，至今已经出版11本。

2020年，中国科学技术出版社诚挚邀请零牌顾问机构将零牌领导力书系拓展为零牌管理书系，包括企业家素质、职能管理、领导力和职业素养四个维度，受众矩阵包括经营层（董事长和总经理）、管理层（中高层干部）和运营层（新时代员工），打通线上和线下，线上内容包括系列有声书、系列电子书和系列视频课，线下开设论坛、读书会和培训。这一想法与零牌顾问机构不谋而合，于是，就有了本次开始出版的零牌全新书系。

零牌管理书系是零牌顾问机构和中国企业的共同平台，不仅是二十年来零牌知识体系建设的结晶，而且还是零牌企业客户和优秀学员的经营实践总结，也就是说，零牌管理书系的作者包括零牌专家团队、中国企业家和企业干部。这一定位得到了诸多企业界朋友的热烈响应，泰豪科技股份有限公司前任副总裁刘璋先生、广州市汇奥机电有限公司董事长周祖岳先生等都表达了在零牌管理书系出版专著的愿望。

感怀于二十年来国内企业界对零牌顾问机构的信任和支持，投身国家产业转型和企业蜕变的时代洪流，零牌顾问机构希望以零牌管理书系作为另一种途径，与中国企业互动，与中国企业家互动，与广大干部员工互动，与企业经营管理实践互动。

在零牌管理书系面世之际，我们衷心感谢二十年来关心支持零牌顾问机构的广大客户和学员，我们特别要感谢全国知名培训师万宗平老师，华南理工大学许晓霞、谢菠兰和赖伟老师，中山大学韦小妹、刘正生老师，华中科技大学尹鹤龄和汪琼老师，北京航空航天大学欧阳桃花教授等。

在这里，作为创始人、董事长和技术导师，我还要特别感谢至今仍然奋斗在零牌顾问机构服务一线的赵雅君、怀海涛和梁莹老师，退居二线、默默支持公司发展的创始员工刁爱萍老师，特别感谢曾经为零牌发展做出贡献的聂琳、李宏迎、简建民、黄辉强、谢铨、杨彬誉、袁文、陈汉波、宁静、李煜和张帆等老师，特别感谢方行国际董事长吴培华老师、日本松下电器安本刚基先生、松下创研资深顾问大泽仁老师、日本一桥大学中国交流中心志波干雄教授、日本金桥商务社长杨金峰女士和日本万达旅运社长西内路子女士等事业伙伴。

中国科学技术出版社编辑老师为零牌管理书系的策划和出版贡献了智慧，付出了辛勤的劳动，在此致以衷心的感谢。

零牌顾问机构的赐福之人——松下（中国）前总裁、零牌木元塾塾长木元哲先生，为零牌顾问机构的发展和原创提供了强大的驱动力，做出了巨大的智慧贡献，我们感恩木元哲导师。

零牌管理书系的孕育和诞生，也得到了中国出版界张晓兰、沙林琳、刘颖、冯巩辛、王芹、张杰和王欣等老师的关怀和帮助，在此一并致谢。期待零牌管理书系结合零牌顾问机构的培训、咨询、全球跨界学习、企业家经营私塾、全球资源和智慧企业六大业务，开创零牌顾问机构智力兴企、产业报国的新篇章。

祖　林

零牌顾问机构董事长兼技术导师

营销标准化，
缔造组织营销力

• 关注生存到重视发展，企业领导人务必开始关注团队建设和组织建设

如何减少对老板的过度依赖？如何将营销能力从老板和营销精英身上转移到组织和团队身上？构建有市场拓展能力的基础体系，提高营销效率，缔造组织营销力才是出路。

应广大企业和学员的要求，我撰写了本书。把握营销公式，分析增收结构，从营销增量出发，将客户管理标准化、目标管理标准化、业务开发标准化和业绩管理标准化的推进思路翔实展开。本书可作为企业推进营销标准化的参考书目。本书中讲述的所有内容我们都曾经实践过，在企业的发展历程中起到不可或缺的推动作用。

营销是企业向客户传递价值的最终环节，营销人员是企业与

客户接触的品牌形象代表。老营销人、松下（中国）前总裁本元哲先生说过："无论多好的品牌或产品，如果不热心传递给客户，都相当于不存在。"度过创业阶段之后，企业进入快速发展阶段，从关注生存到重视发展，领导人务必开始关注团队建设和组织建设。

- **营销不给力，等于没品牌。营销不落地，等于没战略**

不论长期目标多么宏伟，企业都要将其落实到3～5年的中期发展目标当中，中期发展目标又依赖于每一年的经营数据。企业的年度经营就像是一家人过日子，既要有饭吃又要奔向未来。有钱收、有钱花、有利分是企业经营的三大方面，也就是要增加销售收入（开源），要会计划、会花钱（节流），要有利润（盈利能力）、有分红（投资价值），这一切的基础就是要有营销力。

企业的营销力一般都会经历四大发展阶段：老板跑业务，把企业做成形的阶段；一批金牌业务员拉动企业快速上升的阶段；有"领头羊"、有新生力量、有普通新人的狼性团队帮助企业稳步增长的阶段；靠组织营销实现稳定持续发展，依靠组织营销力的阶段。

- **组织营销是企业追求的最高境界**

在组织营销阶段，组织就像一个身体强健、心智成熟的中年人，能敏锐感知环境变化，条件反射式地调整自己以适应环境，拉动团队一体化从而实现满足客户需求的目标。在这样的系统中，员工会被拉着走，被赋予能量、激发能力，中等水平的员工也能创造高业绩，因为企业建立了一套自我进化的营销系统，这套系统有通畅的逻辑、动态稳定的结构、有适应变化的弹性，员工在企业工作可以很快上手，融入团队，创造成功体验。

- 企业的组织营销力包括四大方面

企业的组织营销力包括四大方面：传播力、交易力、服务力和营销创新力。

传播力是使目标客户群体对企业产生认知的能力，也就是用客户画像清晰界定目标客户之后，用全面的传播手段提高目标客户对企业及其产品的认知。如果客户都不知道你是哪家企业，你自然没有业务机会。通过全面建设客户接触点，在接触点上创造客户互动和体验，可以有效提高客户对企业的认知度。

交易力是企业与客户达成合作、获取业务的能力。业务是一单一单跑出来的，客户是一家一家开发出来的，营销没有捷径，就靠脸和腿。B2B营销依赖所有员工的认真销售、客户支持。员工应用积极、肯定的语言与客户互动，争取到可能的机会；企业应用技术实力、产品优势、价格竞争力和非价格竞争力获得客户信任，达成业务合作。交易力的直接表现，就是企业营销漏斗的比率。接触100个客户获得多少个商机，100个商机有多少个成交，商机转化率和成交率等漏斗指标，就是企业交易力的评价。

服务力是指企业提高客户满意度、维护和建设客户关系的能力。从第一单业务到建立长期合作关系，不光营销部门参与，研发、生产、质量管理、人力资源甚至财务等各部门均要参与。各部门应全面缩短跟客户的距离，不但在交付业绩上令客户满意，更在响应速度、综合服务和人文关怀等方面感动客户，帮助客户扩大影响力，得到客户信赖和托付。

营销创新力强调的是企业要与时俱进，适时推出新的营销手段，在新营销方式的导入速度、质量和效果上与时代同步。营销创新不但是与客户同频的要素，更是拉动组织变革、激发团队活力的重要途径，一个营销手段跟不上时代步伐的企业会被客户抛弃，也会被新生代员工群体抛弃。

组织营销力最终追求的是资源链接能力：与优质客户达成战略合作、共同开发，匹配战略、共同投资、共同拓展市场，基于业务又超脱于业务，与重要客户建立组织关系。松下公司找华为公司谈合作，比亚迪公司向江苏艾默生试验仪器科技有限公司伸出橄榄枝，这都是组织营销力的重要体现。

- 营销体系最需要标准化体系

企业需要不断提高管理成熟度，推进标准化、模式化、机制化，缔造组织营销力。

大多数人都认为标准化是死板的，从现实来看，企业的标准化做得最好的是制造体系，也就是标准化作业管理体系，其次是技术体系，标准化做得最差的是营销体系。

很多人认为，市场变化太快，每个客户都有其个性，因此营销是难以标准化的，不可能用一套标准化的东西应对所有的客户。这种想法表面上来看似乎有道理，仔细一想却不尽然，正因为市场变化太快、每个客户都不一样，所以更要推进营销标准化——基于标准化作业进行变化点管理，这样才能更好地应对市场变化，才能更好地分析和满足个性化的客户需求。

营销无定法，但营销有规律。如果不按照营销的规律构建企业的营销体系，每个人的营销方法都不一样，对应每一个客户的营销方法都不一样，过度放大差异化的东西，就难以形成团队作战，更难以形成营销效率。

2016年，我们将零牌木元塾塾长、松下（中国）前总裁木元哲先生把基于日本松下公司背景的"B2C营销标准化"课程引进中国，结合零牌顾问机构自身实践和企业辅导经验，开始在全国推广营销标准化的思想、体系、方法和工具，受到众多企业的欢迎，很多企业在推进营销标准化方面都取得了很好的效果。

营销务必标准化，营销完全可以标准化。营销标准化是有灵性的，标准化做得越好，越能集中精力进行变化点管理。

本书的编写受到木元哲先生的启发，在此深表感谢。本书中内容也得到客户的认可，在此也深表感谢。期待营销标准化思想能够引领越来越多的企业构建强力营销体系，驱动企业快速发展、永续经营。

赵雅君

2020年8月，广州

第一章

把握营销公式，
分析增收结构

企业经营是基于数字的行动学，既是科学，也是艺术。

营销就是经营，营销是数字化的，早在智能化时代到来之前，全球管理成熟度高的企业都是在用数字经营。过去的数字是统计来的，以事后分析为主；今天的数字是即时生成的，集成到经营仪表盘，在经营驾驶舱即时决策、即时行动。

标准化营销体系建设的第一步就是要用公式工作，建立一套可复制的营销体系，建设组织营销力。

营销的价值在于增量，主要过程是：首先，对目标客户群体进行传播，与目标群体产生互动，目标是获取具体目标客户的采购需求。然后，通过方案（技术方案和商务方案）将需求转化为第一个订单（首单），将目标客户开发为正式客户。接下来，对正式客户的满意度进行动态管理，建设积极的客户关系，争取第二个、第三个订单并使出单常态化，具体如图1-1所示。

客户是企业最重要的经营资源，创造并扩大客户资源是营销的使命。企业的中期战略是通过年度经营来落地的，营销工作以周为单位进行计划和管理、以天为单位落实实施，用一年（52周）的滚动管理达成年度经营目标。所以，营销就是经营。

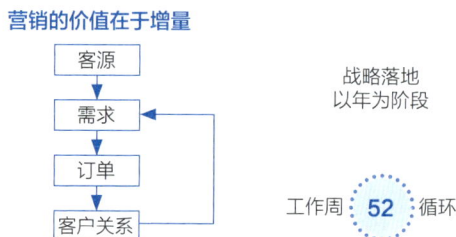

营销的价值在于增量

客源 → 需求 → 订单 → 客户关系

战略落地
以年为阶段

工作周 **52** 循环

图1-1 营销结构体系

如何用公式表现本行业营销规律？

公式是表现规律的常用方法之一，将结构、逻辑和数字关系用公式表现出来，可以将经验性的、因人而异的认知转化为一看就懂的规律，以此为基础考虑问题，可以很快地确定方向、找到答案。

很多人知道精益生产一直用公式衡量生产能力和生产效率，其实，日本企业也一直用公式指导营销工作。用公式表现本行业的营销规律，可以尝试从以下四个问题着手。

1 公司的销售收入是怎么构成的？

很显然，不论是B2B的业务还是B2C的业务，企业的销售收入是由所有的订单累加而成的。B2B业务以客户为中心进行营销管理，每一个订单的背后是一个又一个客户，所以，公司的年销售额是由所有客户一年在企业下的订单金额累加起来的，粗略地计算，就是客户数量乘以平均每个客户每年给公司的订单额。

$$年销售额 = \sum_{i=1}^{n} 订单额 = 客户数量 \times 平均年订单额 \qquad （1-1）$$

从式（1-1）可以看出，客户数量（家）代表了企业的客户群体的规模，平均年订单额（万元）代表了客户群体的质量。客户数量多、平均年订单额低，说明这个企业以小客户为主，其结果就是营销效率、生产效率都不高，需要花大量时间进行客户开发、维护和小订单生产。这就带来了客户结构的问题。

从式（1-1）中可以找到提高公司年销售额的路径。基于公式进行细化分析，按照年订单额的大小把客户分成若干级别，看不同级别的客户有多少，就可以判断公司的客户结构是以大客户为主还是以小客户为主，从而进行客户结构优化，这就是客户分级管理，见式（1-2）。

例如，按照年订单额的高低设定相应的标准，把客户分成A、B、C、D四级，A级客户是战略客户，B级客户是重点客户，C级客户是合作客户，D级客户是一般客户或新客户，以此统计不同级别客户的数量和平均年订单额，就可以分析公司客户结构的状况。

市场实力

$$年销售额 = \sum_{i=A}^{D} 分级客户数量 \times 平均年订单额 \qquad （1-2）$$

客户数量规模　　　　　客户质量水平

A级客户（战略客户）
B级客户（重点客户）
C级客户（合作客户）
D级客户（一般客户或新客户）

化肥行业是用年销售量（吨）进行客户分级的，这是基于行业特点选出的方法，因为化肥的出货量代表了耕地用肥的占有率。基于此，某化肥企业的客户划分标准及由此统计出来的客户结构见表1-1。

表1-1　某化肥企业客户结构统计

级别	客户定义	年销量标准/（吨/年）	客户数量/家	占比
A	特大客户	3000以上	18	3.79%
B	核心客户	1001～3000	73	15.37%
C	发展客户	500～1000	62	13.05%
D	拓展客户	500以下	322	67.79%
合计			475	100%

这个企业2019年的化肥销量是30万吨，平均每个客户给公司带来的销量约为631吨。以这个标准对比行业内的标杆企业，就可以判断公司的客户规模和客户实力。

显然，这家公司超过2/3的客户都是拓展客户（小客户），特大客户和核心客户占比不到20%，发展客户占比只有约13%，可用饼状图（图1-2）和柱状图（图1-3）表现出来。

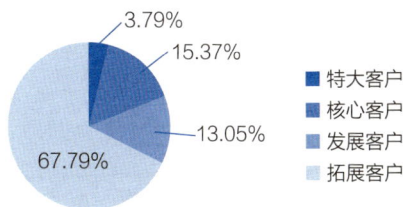

图1-2　不同级别客户占比

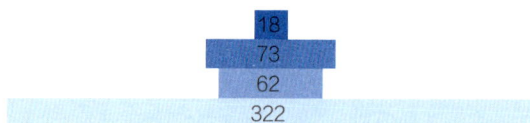

图1-3　不同级别客户数量

大客户都是由小客户培养而成的，理论上，企业的客户结构应该呈现出正三角形（金字塔形）特点，也就是大客户数量少、中客户数量多一点、小客户最多。从式（1-2）可以找到客户盘点、优化客户结构，进而提高年销售额的路径。显然，这家公司的客户结构存在问题，经分析，改善思路自然也就出来了。

实际上，公司的年销售额是由一张又一张的订单累加而成的，而B端业务的客户一般都实施多家采购，同一类产品的采购订单都按比率发给两家或三家供应商，因此，公司得到的订单数量是由产品订单量乘以订单占有率（客户端叫"采购订单比率"），而销售额是由订单数量乘以产品单价，产品单价代表了订单质量。见式（1-3）

$$年销售额 = \sum_{i=1}^{n} 客户订单额 = \sum_{i=1}^{n} \left\{ \sum_{j=1}^{N} \left[\underbrace{产品订单量 \times 订单占有率}_{\text{订单数量}} \times \underbrace{单价}_{\text{订单质量}} \right] \right\} \quad （1-3）$$

要提高年销售额（增收），一定要提高客户端的订单占有率和产品单价，也就是要提高在客户端的优先地位，通过创造好的交付业绩、拿到客户的各类供应商奖项、跟客户建立战略合作关系，从而获得客户更高的采购订单比率（订单占有率）和高价格的采购订单（订单质量）。

式（1-3）还指引企业要进行订单分析，这是找到提升销售额的有效路径。

虽然营销管理有跨行业、跨企业的共性规律，但不同行业之间也确实有一定的差异。企业可用公式表现本行业营销规律，用公式指引营销方法改善，少走弯路，最直接地找到提升业绩的着力点。

为什么我们强调用行业公式而不是企业公式呢？因为，用行业公式更容易打通不同的企业，进行横向比较，发现公司与标杆企业的差距，在同一个标准上进行评价和提升。

2 如何判断客户质量的高低？

一个营销公式，把产品、价格、订单和客户融合在一起，基于数据和公式，企业可以做各种各样的分析和判断，根据需要和目标制订有效的行动方案。

B2B业务以客户为中心展开营销工作，对于客户这一最重要的经营资源进行数字化的分析，企业不但要扩大客户的规模，更要同时提高客户的质量，驱动公司的持续发展。

怎么判断客户的质量呢？不是看一个订单、两个订单，而要看客户对公司的整体价值，以年为单位，从销售额、毛利润、净利润和净利润率进行判断，而决定上述四项指标的因素包括订单结构、业务结构、产品结构、资金流（回款）和库存周转率等。

有的时候，某个客户的某个订单或者某个产品是亏损的，接不接？不接，客户不满意，可能流失客户；接，又不会给企业带来经济效益，甚至企业要倒贴钱。推进营销标准化，基于相同的标准，从客户的整体价值进行判断，营销团队就不会有类似的困惑。面临这样的情形，对于高价值的客户，亏损的产品、业务也是要接的，对内要启动降成本改善工作，做到低价的、难做的业务和产品也要有利润，对外要以此为条件争取高价值的业务和产品机会。对于低价值的客户，企业则要面向未来先进行判断，该断则断，要有取舍，最忌讳的是"乞丐式"的销售心理：生怕没单做，什么单都接。

做营销谁都希望接大单、接快单、接高价格和高利润的好单、接好做的单，对于B2B业务，企业接单的标准是客户价值，这些都需要基于公式和数据的标准化。

③ 公司的高质量客户有多少？他们所做的贡献有多少？

企业选择客户，在某种程度上，客户又在塑造着供应商（合作伙伴），战略性的客户关系最终都是企业活成客户想要的样子、客户都是企业想要的状态，这就是企业界的"门当户对"。只不过没有一成不变的状态，这一切都在动态中进行着。

高质量客户对公司的拉动是显而易见的，低质量的客户只是公司面向未来的基石。

基于公式和数据分析公司的客户结构：公司高质量客户有多少？在年销售额当中，高质量客户所创造的销售额（贡献）

占多少？接下来再进一步分析，在全年利润当中，高质量客户所创造的利润占多少？这就是客户盘点，具体我们将在第二章进行展开。

4 如何提高营销效率？

基于公式和数据进行营销分析，就带来了营销效率的问题。所谓营销效率，就是企业投入的营销资源获得了多大的产出（回报）。

企业投入的营销资源，既包括营销职能部门的人员、固定费用、营销费用和相应的硬件投入，还包括为了开发客户、获取订单而投入的研发、生产及其他相关资源。例如，孚能科技（赣州）为新能源汽车企业配套供应动力电池，他们投入资金建立的样品生产线产能是有一定限度的，如果主要为低质量客户打样，就浪费了样品线的产能，可能丢失高质量客户，这样的营销效率就低。

营销效率在源头上决定了企业的整体效率也就是经营效率，重视营销效率的提升，从客户质量、订单质量上进行优化，创造更高价值的业务收入，才能使研发、生产、人力资源和资金等软硬件投入获得更高的回报。

对于提高营销效率，企业也要基于对公式和数据进行分析才能发现改进机会。

二

营销活动的漏斗效应

对于漏斗工具很多营销人都不陌生，在实际工作中，把漏斗工具应用好的人却不多，而用漏斗工具提升营销效率的企业就更少了，很多企业甚至根本没有进行相应的数据管理。

所谓营销漏斗工具，就是企业接触到目标客户的数量与实际签单的客户数量总是处于小于100%的比率关系，例如接触100个目标客户最终只与1个客户成交，成交率只有1%。个人的成交率越高，说明营销人员的营销能力越强；整体的成交率越高，说明企业的组织营销力越强。

1 客户漏斗的多层次

从潜在客户到目标客户，到意向客户，再到洽谈客户，最终到签单客户（正式客户），由上往下是一个一次又一次打折的过程，最终得到的是大量流入、小量产出的营销漏斗，具体如图1-4所示。

（1）潜在客户 基于客户画像，企业通过广域传播和针对目标客户群体的定向传播，获取到一定数量的潜在客户信息，之

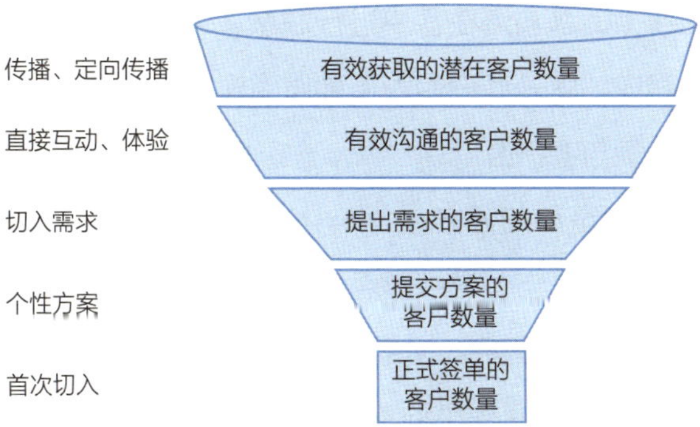

图1-4　客户漏斗层次

所以说是潜在客户，是因为企业希望与之建立业务关系，但客户未必有这个需求和意愿，虽然获取了客户信息，但并没有有效联系和直接互动。

（2）目标客户　从采购决策单元当中寻找人员切入点，与潜在客户直接联系、互动，通过线上、线下的沟通，企业要让客户了解自己的公司，同时增加对客户的了解和理解，以此为基础，结合营销活动创造客户体验，使客户建立对企业的信任。

在客户开发的过程中，点对点的客户联系和互动是可以的，为了提高营销效率，营销活动必不可少。所谓营销活动，就是企业策划和实施主题性的技术性活动，邀约目标客户和正式客户参加，通过营销活动让一群客户在一起体验企业的技术、产品和服务，树立技术权威，促进客户对企业的了解、理解和接纳，快速建立信任关系。目标是使客户把当前的需求（商机）释放给企业，企业从中获得出方案的机会。

将营销活动作为话题与潜在客户进行联系，可以加速将潜在客户转变为目标客户；就算客户因为各种原因没有来参加本次活动，后续也可以继续与客户互动。

（3）意向客户　客户的需求是常态化存在的，释放给谁就是给谁创造商机。不论是与客户点对点，还是邀请客户参与面上的营销活动，目的都是获取商机，也就是让客户把需求的详细信息释放给企业，并请企业提供对应的方案，这个时候，目标客户就转变成为意向客户。需要强调的是，营销活动虽然能与客户建立信任，却未必都能将目标客户转化为意向客户，后续要进行点对点的深度沟通，营销活动的结束其实是营销工作的开始。

（4）洽谈客户　企业基于对客户需求的了解，编制对应的方案提交给客户，基于方案进行商务洽谈，这个时候意向客户就转化为洽谈客户。

获取商机之后，企业对客户需求的理解至关重要，这直接决定了方案的编制质量。一般来说，企业提供给客户的方案包括技术方案和商务方案，技术方案是根据客户的具体需求由企业提供的业务结构、产品和服务内容、验收标准等，商务方案则包括费用预算和付款方式等。

摆脱以企业为中心、以产品为中心的传统营销思维，就算是以硬件产品为主体的企业，在被询问"这种产品你们有没有"时也要以方案的形式回应客户需求，所有的企业都要把自己定位为"服务型公司"而不是"制造型企业"，这样才能以客户为中心、以服务为中心编制方案，不是"我们有这些"而是"客户要什么"，不是"我们的价格是这样的"而是"客户的预算是多少"，这样企业才能抓住商机，提高签单率，进而提高客户开发率。

（5）签单客户　通过技术方案和商务方案的洽谈，供求双方彼此调整、达成共识、确定合作，签订订单之后，客户就成为企业的正式客户，所以，客户开发的成功标志是首单完结，只有第一个订单执行完毕、把钱收回来，企业才可以说"这家公司是我们的客户"。

B2B业务的营销本质是客户开发和客户维护，而不是表面上的产品销售或抓订单，后者其实是前者的结果。

基于公式和数据，用漏斗工具进行营销管理和经营分析，可以将结果性的业绩管理（KPI，关键绩效指标）转变为过程性的行为管理（OKR，目标和关键成果）。这些都需要进行标准化。

2 开拓客源，扩大流量

基于营销漏斗工具，扩大客户流量、提高转化率是企业提高营销能力的两大路径。开拓客源是扩大流量的必备动作，要扩大流量就必须多元获客，具体如图1-5所示。

如何多元获客呢？从广域传播到定向传播、客户互动再到客户体验，只有点面结合、多种形式同步，把"营"（Marketing）和"销"（Sales）有机融合在一起，进行系统化营销，才能提高多元获客的效果。

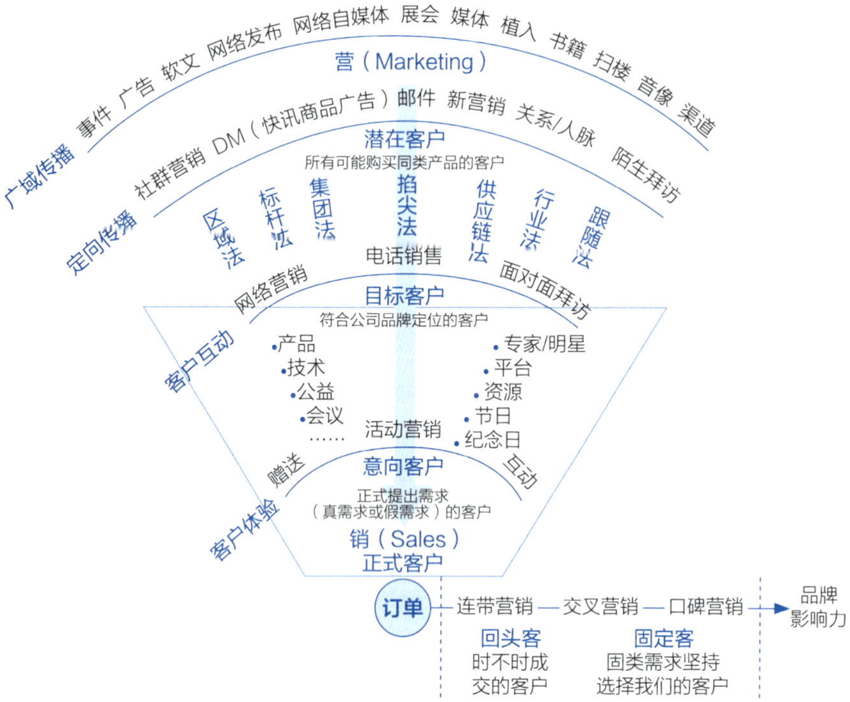

营（Marketing）

广域传播 事件 广告 软文 网络发布 网络自媒体 展会 媒体 植入 书籍 扫楼 音像 渠道

定向传播 社群营销 DM（快讯商品广告）邮件 新营销 关系/人脉 陌生拜访

潜在客户
所有可能购买同类产品的客户

区域法 标杆法 集团法 掐尖法 供应链法 行业法 跟随法

电话销售

网络营销

面对面拜访

目标客户
符合公司品牌定位的客户

客户互动

•产品
•技术
•公益
•会议
……

•专家/明星
•平台
•资源
•节日
•纪念日

活动营销

•互动

客户体验

赠送

意向客户
正式提出需求
（真需求或假需求）的客户

销（Sales）

正式客户

订单 — 连带营销 — 交叉营销 — 口碑营销 → 品牌影响力

回头客
时不时成
交的客户

固定客
固类需求坚持
选择我们的客户

图1-5　营销漏斗

（1）广域传播　网络时代，企业必须在线上"存在"，如果客户在网上搜不到企业的信息，就会对企业的真实性产生怀疑，至少会产生"这个企业网络营销做得很差""是一家很守旧的企业"这样的印象；如果网上一搜就有，而且是有公信力的背书信息，客户对企业的信任就会很快建立。

广域传播和定向传播都是为了提高外界对企业的认知度，昭示企业的存在状态和正面形象，通过线上和线下的多种方式进行开放性的传播，包括公众媒体、自媒体、网络发布、软文、展会、广告（包括植入式广告）、书籍、音像、事件营销、渠道和扫楼等，这些方式无所谓旧的还是新的，营销讲究的是效果，有效的就是好的。

虽然企业有明确的客户画像，希望精准推送信息，但未必能够收到精准的反馈。广域传播是一种广撒网的市场行为，虽然现在利用大数据、云营销等手段可以更好地测定效果，但是对大多数企业来说，这还只是刚刚开始。

（2）定向传播　比广域传播更进一步的是定向传播，就是向目标客户群体进行定向的信息发布，因为企业制订了明确的客户画像，根据数据信息和行为信息，B2B业务企业很容易找到相应的客户，直接就可以拉出客户清单，但难点在于：虽然知道客户在哪里，但是要让客户知道本公司的存在却无从着手，因为"客户企业"是一个概念，组织是依托于一个又一个职务化身（员工）而存在的，因此，定向传播就是向目标客户群体的员工定向推送信息，通过社群营销、邮寄广告（Direct Mail advertising，缩写为DM）、电子邮件、新营销（精准推送）、关系营销（人脉营销）和陌生拜访等方式实现，这个时候可以通过网络互动和点对点跟进获取反馈信息。

定向传播针对的是潜在客户，是所有可能购买企业产品的客户，可以通过客户所在的行业协会、专业媒体、工业园区和政府部门等更聚焦地进行传播。

（3）客户互动　广域传播和定向传播都是为了提高外界对企业的认知度。要创造业务机会，企业一定要与具体的目标客户进行互动，也就是要与客户的员工有信息往来，建立人与人之间的信任和情感，这样才有可能从客户的员工处获得具体的有价值的信息。

目标客户是符合公司品牌定位的客户，与具体的目标客户进行互动，是销售行为的正式开始，通过网络营销、电话营销、面对面（Face to Face，缩写为F2F）拜访与客户化身建立个人关系，进而推进组织关系，这个时候第一个接触到的客户员工未必是采购的决策者，却是第一个人员切入点，切入之后摸清客户的采购决策单元的五大角色（倡导者、决策者、执行者、使用者和影响者），进行多层次、多维度的互动，这样会更有效率地创造第一个需求。

（4）客户体验　快速获取需求（商机）的重要环节就是创造客户体验，这个时候的有效方法就是技术性的营销活动。企业通过策划高质量的营销活动，邀请诸多目标客户和现有客户参与，如进行技术研讨、产品展示、行业论坛、专业培训等，参与者获得切身体验，或者由第三方站台背书，企业树立技术权威，在客户端建立信用，客户愿意把需求信息释放给企业，希望企业提供方案、洽谈合作，此时目标客户就转变为意向客户，也就是正式提出需求的客户，不论是真需求还是假需求，企业都要认真对待——认真对待了，假需求也会变成真需求。

多元获客的关键是系统化营销，不是用单一的方法，而是用非常丰富的方法扩大客户接触点，使目标客户很容易获取企业的信息，快速建立对企业的认知和信任。

3 把新客户转化成回头客和固定客

企业与客户有了第一单的成交，意向客户就转变为正式客户。初期的客户关系往往是脆弱的，因为客户在使用企业产品和服务的过程中，还在考察、确认企业的交付能力和实际信用，以及企业是否能够兑现成交之前的承诺，并且从对交期、质量和服务等的交付业绩又反过来看看价格是否合理，其实就是客户对供应商进行首单的业绩考核，考核的结果直接决定客户的满意度，这个时候的评价并不只是由采购部门做出，成熟的企业都有完善的供应商评价体系，采购、计划、生产、质量、营销甚至财务等部门都可能参与，也就是说，采购决策的五大角色在集体做出供应商评价。

如果客户满意，接下来就会有第二单；如果客户不满意，可能会向企业提出整改要求，也可能会暂停供应资格。所以，对于成交之后的正式客户，企业要进行客户关系维护，认真跟进客户满意度，及时改善不足之处，把新客户转化成回头客和固定客。开发一个客户不容易，企业要尽可能延长客户的生命周期。

中国企业习惯把客户简单地划分成新客户和老客户两类，日本企业通常把客户分成新客户、回头客和固定客三类：第一次成交是新客户，之后偶尔再下单、非常态化的是回头客，只要采购这类产品和购买服务就只找咱们公司的就是固定客。显然，营销部门追求的最高目标就是创造越来越多的固定客。这个标准不论对B2B业务还是B2C业务都是一样的。

4 把握漏斗公式

在营销体系建设过程中，企业要善于利用漏斗公式，用公式和数据衡量营销能力，这样可以把握变量，进行营销先行指标的设计，从而在过程管理上找准着力点，提高营销团队的客户开发和抓单能力。

例如，某公司客户开发的漏斗公式是：

成交客户数量=客户接触数量×验厂通过率×需求获取率×方案成功率

$$(1-4)$$

根据式（1-4），要增加成交客户数量，就要增加客户接触数量、验厂通过率、需求获取率和方案成功率，接下来就是针对上述四大变量进行营销策划，展开具体的营销工作：提高客户接触数量依靠扩大客户接触点、多元引流；提高验厂通过率必须抓基础管理和体系建设；提高需求获取率主要靠综合实力，需要销研产一体化作战；提高方案成功率则依赖对客户需求的正确理解、摸准客户预算，对接到技术方案、匹配商务方案。

（三）

如何从公式当中把握变量？

所有的公式都可用$y=f(x)$抽象描述：y是期待得到的结果，x是输入因子，通常指工艺条件、关键活动等，也就是变量；$y=f(x)$是变量与结果之间的规律。

在中国企业界，用公式指导精益生产革新已经广为接受，用公式进行营销管理尚不普遍，恰恰这种看似不灵活的方法是科学管理的手段，从公式当中把握变量，确定提升变量绩效的有效方法，才能把看似靠个人能力的营销转化为普通人都可以出高业绩的组织能力，这正是营销标准化的目的所在。

如何从公式当中把握变量？下面以式（1-3）为例。

企业年销售额等于所有客户订单额的累计值，客户订单额和客户数量（n）就是变量，增加客户数量可以提高年销售额；提高每个客户的订单额也可以提高年销售额。据此得出的营销对策是：增加客户数量（n），尤其要增加大客户数量（订单额高的客户），也就是培养战略客户、开发重点客户、优化客户结构，具体如图1-6所示。

年销售额等于所有客户订单额的累计值，对于B2B业务，

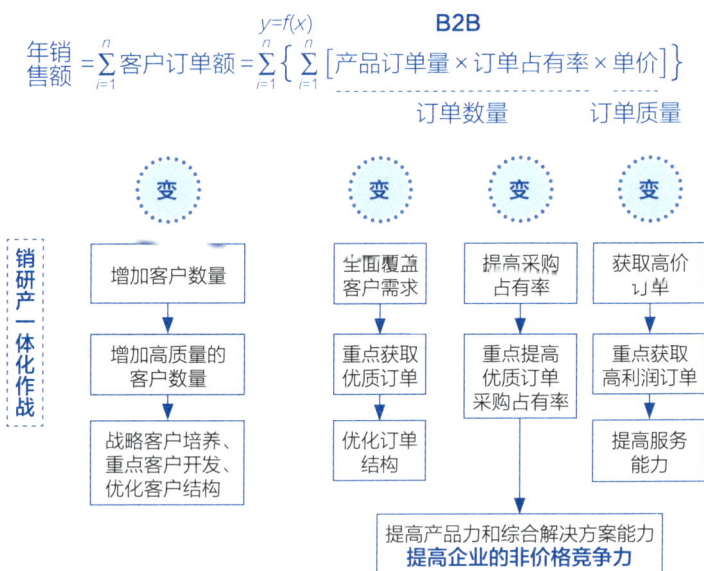

$$\text{年销售额} = \sum_{i=1}^{n} \text{客户订单额} \overset{y=f(x)}{=} \sum_{i=1}^{n} \left\{ \sum_{i=1}^{n} \underbrace{[\text{产品订单量} \times \text{订单占有率} \times \text{单价}]}_{\text{订单数量} \qquad \text{订单质量}} \right\}$$

B2B

销研产一体化作战

变 — 增加客户数量 → 增加高质量的客户数量 → 战略客户培养、重点客户开发、优化客户结构

变 — 全面覆盖客户需求 → 重点获取优质订单 → 优化订单结构

变 — 提高采购占有率 → 重点提高优质订单采购占有率

变 — 获取高价订单 → 重点获取高利润订单 → 提高服务能力

提高产品力和综合解决方案能力
提高企业的非价格竞争力

图1-6　采取对策的4个变量

每个客户的订单额又等于客户采购的各个产品（ N ）的订单量乘以本公司在客户端的订单占有率再乘以产品单价，也就是有4个变量。根据这个公式，企业要提高每个客户的年订单额，可以从4个变量着手采取对策。

（1）增加客户采购产品数量（ N ）　尽可能全面覆盖客户需求，也就是在客户的同类物料（对企业来说就是产品）及其配套采购当中，尽量做到全面供应，也就是提供整体解决方案，扩大对同一个客户的销售规模，总体上是有利于提高营销效率和盈利水平的。

（2）提高产品订单量　企业应找到对本企业产品（对客户

来说是物料）采购量大的客户做业务，客户的物料采购量是由其最终产品的销售规模决定的，这就要求我们与中、大规模的客户合作，才有可能获得大量的订单。

（3）**提高订单占有率**　企业应提高在客户端相应物料的采购占有率，重点提高优质订单采购占有率。客户一般是三家采购，两家为主、一家备用，如果采购订单分配比率分别为50%、30%和20%，企业就要尽全力争取成为50%的那一家，甚至通过团队作战突破50%的订单占有率。

（4）**提高产品单价**　企业应在客户同类物料（企业的产品）采购中，尽可能争取技术要求高、质量要求高、服务要求高的订单，正因为有这"三高"，产品带给客户的价值高，价格自然也更高。

当然，客户在分配订单的时候也会结合产品和价格均衡分配，只是供应商之间的差异是一定存在的，企业在整体解决方案的能力上有突出表现，做到高端产品优势突出、基础产品全面满足，就可以做到在客户端吸引各规模客户，成为客户在该类采购中的主要供应商，进而成为客户的战略合作伙伴。

以此为基础，企业应重点获取优质订单——高利润订单，也就是量—价—利是综合最优的订单，这就要求企业提高服务能力，提高产品力和整体解决方案能力，综合在一起，就是要企业提高自身的非价格竞争力。

四

如何根据变量设计营销先行指标？

企业经营有两类指标：关键绩效指标和先行指标（关键过程指标）。

关键绩效指标是过去的行动获得的最终业绩，如销售额、利润、占有率、顾客满意度等企业希望达到的最终输出，是企业最重要的目标，是结果性的指标。

先行指标也叫引领性指标（Lead Measures）、关键过程指标，是对达成目标最有影响力的过程指标——能够预测目标达成的指标，对团队成员有最直接影响的指标。

显然，关键绩效指标是由先行指标的实现来保障的，根据结果指标（KPI）制定可衡量的过程指标（OKR），确保员工聚焦过程指标共同工作，集中精力做出可衡量的过程贡献，这样才能确保关键绩效指标的实现。

1 聚焦在最重要的先行指标

过去，管理者习惯性地面面俱到，将所有目标都列为最优先事项，甚至要同时实现10个或15个目标；现在人们发现，很多目标虽然重要，但是重要的项目只有2个或3个，一次全身心关注一两个最重要的项目效果更佳。

为了帮助团队达成目标，领导往往只要集中在最重要的少数事情上，这就是先行指标，即选择重要目标（Wildly Important Goal，缩写为WIG），将真正重要的目标控制在2个，最多3个。

好的想法的数量常常超过执行力的容量。关注重点目标，不给员工过重的负担，更能保证行动的效果，提高目标达成的概率。

选择最重要的先行指标，一定要员工参与，确保指标选择和目标制订的过程经过充分讨论之后达成共识，高层领导虽然可以使用否决权，但不能只是下达命令，因为这个过程就是思维训练、意志转移和作战动员。

所选择的先行目标，通过综合作战之后一定能够完成。所有的重要的先行指标都要确定变化的目标和达成时间（Finish Time）。

案例1-2　某五星级酒店的增收战略

显然，五星级酒店要提高入住率，仅仅靠散客是没有保障的，主要的途径有3条：大型会务、企业客户（B端）和政府客户（G端），以及固定客（钻石会员）。其中，大型会务是最有效率的途径，是五星级酒店的营销重点。

会务消费带来的不仅仅是客房的收入，还有会场、餐厅和酒吧等连带收入，因此，走出酒店，走进企业和政府对组织进行营销就成为增收的重点。为此，该酒店组建了战略增收小组，制订了宴会销售额从2200万元增长到3100万元的关键绩效指标。

通过全员研讨，该酒店制订了整体对策：

1）扩大客户接触，提高会务接单量。

- 开始与当地没有签过单的企业接触。
- 逐一拜访现有客户，增加接单的机会。
- 参加企业商务服务展览会。
- 改善团队聚餐的食品菜单，提高餐饮的连带销售和利润。
- 重新追回流失（转向其他酒店）的客户。

2）超值套餐提案，提高对客户的附加价值。

3）开发更高质量的提案，向多媒体需求的整体策划方面拓展。

同时，该酒店制订了团队的先行指标方案：

1）业务员每周向两家公司提交高质量的会务方案，见表1-2。

2）签单的90%都是超值套餐。

他们重点关注每个业务员每周向企业客户提交会务方案的数量，同时鼓励员工进行自我设计、管理进度，以周为单位进行业绩管理，具体如图1-7和图1-8所示。

表1-2　业务员每周提案数量

业务员	1周	2周	3周	4周	5周	6周	7周	8周
A	1	1	2	2	4	×	×	5
B	2	2	3	2	×	×	3	3
C	1	3	2	×	×	2	2	3
D	0	0	×	×	1	1	1	1
E	3	×	×	4	3	2	4	3
F	×	×	2	2	2	4	4	×
G	×	1	2	5	2	4	×	×
合计	7	7	11	15	12	13	14	15

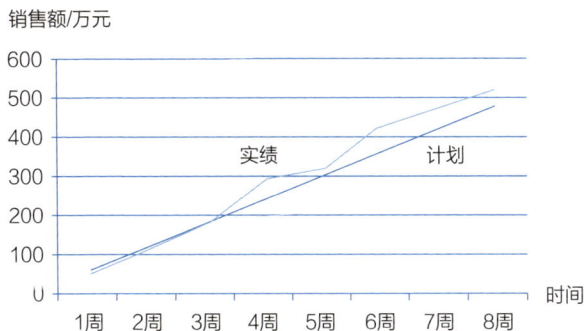

销售额/万元

图1-7　员工业绩进度

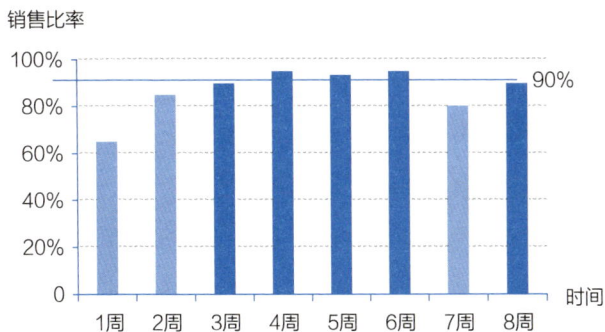

销售比率

图1-8　超值套餐销售比率

还要对超值套餐销售的比率进行管理。

自我管理和团队对决，可以强化员工工作的自主性和目标意识，聚焦过程指标展开最直接的营销行动，销售业绩提升是必然的结果。

2　催化以先行指标为基础的行动

根据营销公式的变量设计先行指标，旨在催化以先行指标为目标的行动，这就需要企业根据业务流程进行分析和设计，为此需要从以下10点进行判断：

- 是否收集了众人对于先行指标的意见和建议？

- 先行指标能否预见目标达成度？

- 为了达成最重要目标，员工能够执行的最有影响的活动是什么？

- 团队是否具备执行先行指标的力量？

- 实实在在可以测定的先行指标是什么？

- 从第一天开始，每天跟踪先行指标的效果了吗？

- 先行指标有测定的价值吗？数据统计的成本高吗？

- 先行指标会带来意料之外的不良影响吗？

- 先行指标可以用简单的语言描述吗？

- 所有指标是否都能够数字化？指标的标准是否包含在内？

案例1-3　某企业提高订单数量的工作设计

作为主机厂家的零部件配套企业，某企业总结出年订单数量的公式，团队讨论后发现：订单数量与新产品打样率成线性正相关。

$$年订单数量 = \sum_{i=1}^{n} 线索数量 \times 打样率 \times 成交率 \times 订单量 \times 采购比率 \quad （1-5）$$

根据式（1-5），如果要提高年订单量，除了增加客户数量（n），更重要的是获取客户端新产品开发的线索数量，争取更多的新产品打样机会，提高打样率；每次送样要做到一次成功，新产品报价一定要摸准客户预算和心理价格极限，确保客户对公司新产品批量下单；还要通过高质量的订单交付，在EHS（环境、职业健康安全管理体系，具体指环境Environment、健康Health、安全Safety），技术（T），质量（Q），交期（D），服务（S），特殊要求（S'）和价格（P）等方面保证客户满意，提高公司在客户端的采购比率。

该企业史无前例地将打样率作为先行指标，销—研—产团队共同努力，将客户打样作为大家共同的工作纳入计划和进行目标管理，从订单源头创造业务增量。

企业经营是行动学，营销工作必须是行动化的，营销管理首先是科学，其次才是艺术，设计先行指标必须基于结构化的业务流程，根据经验和规律，通过分析找出决定流程绩效（关键绩效指标）的关键步骤，再制定相应的先行指标。

五

如何根据先行指标进行工作设计？

制定先行指标之后，要进行相应的工作设计，指引员工日常开展有价值、有效率的关键工作，确保员工的工作行为和工作质量是直接服务于先行指标达标的。

世界级的管理大师彼得·德鲁克说："小企业更有必要确定实现其目标所必需的关键活动，并肯定这些关键活动已分配给能负责的人去承担。否则，这些关键活动根本就不能完成。"

案例1-4　某定制家居企业的新产品推广

广州某定制家居企业从做衣柜起家，发展为板式家具全屋定制企业，在全国有642家加盟品牌专卖店，根据公司2.0战略规划，于2018年3月推出新产品——床，目标是实现卧室空间的全面方案能力。为此，他们进行了一系列的新产品宣传推广活动，到当年8月，床的销售情况仍然不理想。

在职业顾问指导下，营销、研发和生产团队组成跨部门小组，对新产品开发上市流程进行了梳理：从新产品企划开始，分成市场营销和新产品开发两条并行的业务流程，市场营销流程包括新产品推广、门店上样、新产品销售接单和常态化出货4个步骤，新产品开发流程包括新产品设计、新产品试产、新产品投产和初期流动管理4个步骤，具体如图1-9所示。

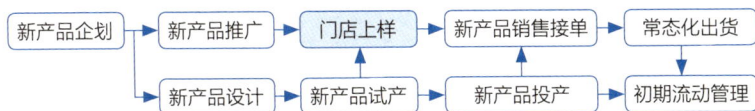

图1-9　新品开发两条业务流程并行

　　跨部门小组在研讨后发现，要确保在新产品一上市就销量"井喷"，有两个关键点：一是新产品推广要在新产品企划完成之后尽快进行，要提早提高目标客户群体对新产品——床的认知度，知道这个品牌可以提供卧室全屋方案了；二是门店要上样，在店面看得见床，店面销售人员就会有销售意识，来店客人就有可能询问和考虑，因此，门店样品必须在新产品试产合格之后尽快进店，不能等新产品投产了才上样。

　　围绕床的销量目标（关键绩效指标），跨部门小组发现门店上样是关键环节，于是对门店上样情况进行数据统计，果然发现上样的门店数量和比率非常低：在78家A级经销商当中，只有22家门店上样，上样率仅为28.2%；在134家B级经销商当中，只有10家上样，上样率只有7.5%；加上C级和D级经销商，总的上样门店是39家，上样率只有6.1%。

　　根据已经销售的床的订单来源分析，89%的销售来自已经上样的门店，印证了门店上样是关键因素，门店上样率是关键先行指标。

　　为什么新产品的上样率低呢？讨论后大家发现，企业针对加盟经销商的内部营销做得不够，没有取得老板们的信任，上样的费用是各门店自己支付的，如果老板们对床的销售没有信心、不相信床的推出可以增加销售连带率，他们就不愿意付费购买样品陈列在店面。

　　为此，跨部门小组决定以门店上样率为先行指标，拉动新产品的销售，具体措施是：

1）公司层面负责A级经销商的上样推动，各大区经理负责B级经销商的上样推动，各区域经理负责C级和D级经销商的上样推动，主要针对经销商老板进行内部营销，确保两个月以内上样率突破60%。

2）组织若干场集中性的推广活动，针对门店销售人员进行内部营销，确保新产品得到门店一线销售人员的认可，并掌握相关的销售技巧。

3）制定特别的销售激励政策，让新产品的销售给一线营销人员带来实惠，同时对各门店的新产品销量进行每天播报、每周排名，对于达到不同目标的门店进行团队奖励和门店奖励。

4）开展客户"购床秀"的自媒体分享奖励活动，在微信朋友圈、抖音、公众号等新媒体平台掀起一股新品体验点赞热潮。

经过3个月的努力，642家专卖店当中612家上了样，上样率超过95%，床的销量超出计划的30%，半年之后门店卖床已经成为常态，真正实现了卧室空间的全面方案能力。自此，新产品——床的导入经历了14个月。

营销团队必须知道哪些关键活动可以保障营销业绩，明确每项关键活动的目标和执行者，并由团队和员工本人进行自主管理，这就是抓先行指标的好处。

每一次失败的经历和成功的改善，都在提高团队的营销能力，这个时候千万不要忘记将这些优秀的实践及时标准化，用流程、制度和机制固化下来，以表格、可视化看板、手册和课程作为载体。

彼得·德鲁克说："小企业的资源尤其是优秀的人才是有限的。因此，集中使用资源有极为重要的意义。如果不明确规定关键活动并委派以职责，那就会使资源分散而不是集中。"小公司如此，大公司又何尝不是呢？

（六）

推进营销标准化，缔造组织营销力

草根创业型的企业在发展过程中都会经历4个营销阶段：老板就是业务员的阶段、精英销售阶段、团队营销阶段和组织营销阶段。

显然，创业期老板的工作重心就是销售，必须抓单；度过生存期之后，只靠老板就不行了，因为业务量上来之后，产品开发和生产交付很容易成为瓶颈，老板必须确保销、研、产平衡才能持续有业务，这个时候必须培养营销的左膀右臂，需要有若干个销售精英保证订单来源，这样老板才能抽身关注整体。

1 营销务必标准化，营销也完全可以标准化

如何减少对老板的过度依赖？如何将营销能力从老板和营销精英身上转移到组织和团队身上？如何让营销新人快速出业绩？如何让中等水平的员工也能做出高业绩？

构建有市场拓展能力的基础体系，提高营销效率，缔造组织营销力才是出路。营销务必标准化，营销也完全可以标准化。

很多人认为标准化是死的东西，是僵化的，面对变化的市

场，营销标准化只会限制个人的主观能动性、降低团队的活力。其实，这是对标准化的误解，标准化是有灵性的。标准化的完整定义是：标准化作业×变化点管理，是基于标准化进行变化点管理。做好标准化，才能集中精力进行变化点管理。

标准化做得好，技能易掌握、作业易执行、工作质量更容易保证，也更容易进行监督管理，最大的好处是能更快、更有效地应对变化。标准化做得好，可以减少员工犯低级错误，使员工的工作速度更快，工作更容易上手，也使企业调配人员更方便，可以提高团队的市场应变能力。

📑 案例1-5　日本松下的营销标准化

松下（中国）前总裁、零牌木元塾塾长木元哲先生从事全球营销22年，作为老营销人，他表示：本质上，营销工作跟生产作业是一样的，产品是一件一件做出来的，客户是一个一个跑出来的，订单也是一单一单跟出来的，3+3只能等于6，绝对不等于9。

木元哲先生介绍说，松下是多元化的跨国公司，非常重视营销标准化，B2B业务和B2C业务都有其标准化的侧重点，以及标准化体系建设的思想和推进力度，松下在营销、研发和生产三大职能领域是同步的。

1）B2B业务营销标准化的六个步骤：

步骤1：分析市场动向。

步骤2：把握客户的真实状态。

步骤3：编制正确的营销计划。

步骤4：编制详细的全年营销活动计划。

步骤5：分解落实到每个月的营销活动计划。

步骤6：以周为单位推进营销活动和客户管理。

2）B2C业务营销标准化的五大方面：

- 营销意识的标准化。

- 营销行动的标准化。

- 信息管理的标准化。

- 信息分析和商品开发流程的标准化。

- 加强营销标准化，树立品牌。

"好的企业是靠组织实现营销的"，木元哲先生说。标准化做得好的营销体系，一般能力的员工在营销工作中都可以很快上手，在营销作战单元中发挥个人作用，通过团队配合创造好的业绩。

洞察市场、行业动态，把握本行业规律，基于行业公式推进营销标准化，才能缔造强有力的组织营销力。正因为如此，"松下爱用中等水平的员工"才成为社会佳话。

2 营销标准化，提高管理成熟度

现在，越来越多的企业重视提高管理成熟度。所谓成熟度，是指企业在运营管理中达到的成熟与卓越的程度（效果）。企业就像人一样，在经历孕育、诞生、成长、适应环境、生病、死亡或再生的过程中，不断增长阅历和耐力，日渐成熟，也越来越有灵性和智慧。

企业的运营系统其实是一个重复系统，不论是产品制造、产品开发还是营销，基于标准化进行变化点管理的重复系统才能提高资源利用率、使效益最大化，标准化程度是管理成熟度最重要的评价维度。

市场机会孕育出的企业少有可重复的模式，还处在被市场风雨训练的过程当中，很难专业地总结管理过失、评估运营过程，是企业发展的初始级。企业在经历失败和成功之后，主动加强标准化，用工作计划和业务体系运营企业，严格按照计划和标准实施业务，开始建立保障工作质量的方法。企业运营过程是可控制的，可以反复利用已经定义好的体系规范进行操作和控制，这个时候，企业迈上成熟度的第一个台阶——可重复级。

生产标准化和技术标准化已经比较普及，营销标准化是很多企业最后一块待开垦的土地，越来越多的企业开始重视并着手推进营销标准化体系建设。

案例1-6　某化肥集团的标准化推进计划

国内综合排名靠前的某化肥集团，2020年聚焦营销标准化，首要实施的就是营销动作标准化，聚焦市场、聚焦消费者，踏实推进渠道管理、营销动作和服务流程三大标准化，具体内容包括：

1）渠道管理标准化，分别是经销商管理流程标准化、零售网点管理流程标准化、营销方案策划流程标准化、价格管理流程标准化。

2）营销动作标准化，分别是示范田和示范村工作流程标准化、测图配方流程标准化、门店建设流程标准化、会销流程动作标准化。

3）服务流程标准化，分别是营销服务中心运作流程标准化、配肥站系统建设标准化。

在谈到推进营销标准化的初衷时，该集团主管复合肥营销的副总经理说道："面向客户，一步一个脚印，认真落实细节，在营销标准化过程中树立品牌形象。"

营销依赖的是现场力，加强营销标准化，更容易集中有限资源进行现场变化点对应。企业的标准化体系是一套有灵性的技术转移和业务管理方法，它使企业领导、员工事半功倍地承担起"创业绩、带队伍、播文化、建体系、优流程"五大职责。

标准化体系建设是一套极具聪明才智的常识性方法，是全球企业界的先驱者们留下的一笔巨大的遗产，也是日本企业将创造力运用并发挥到极致的有效方法。我们期待，营销标准化体系建设能为更多企业和众多营销人提供实质性帮助。

推进营销流程的标准化、营销岗位的工作标准化、基于先行指标的日常管理体系、基于行业特点的营销活动策划、基于标准化的业务技巧训练，营销标准化体系建设的目标是做出一套可复制的营销管理体系，通过团队复制实现市场拓展和销售增量，支撑企业的可持续发展。企业可以根据自身情况构建营销标准化建设地图，如图1-10所示。

不论处于什么阶段的企业，重视可复制模式的构建都是绕不开的一段路，营销标准化最终呈现为销研产团队的营销行为、营销手册、流程制度、运作机制、信息系统和激励体系，不是野蛮作战，而是训练有素，用一套有市场拓展能力的基础体系实现团队营销和组织营销，提高营销效率，最终提高经营效率。

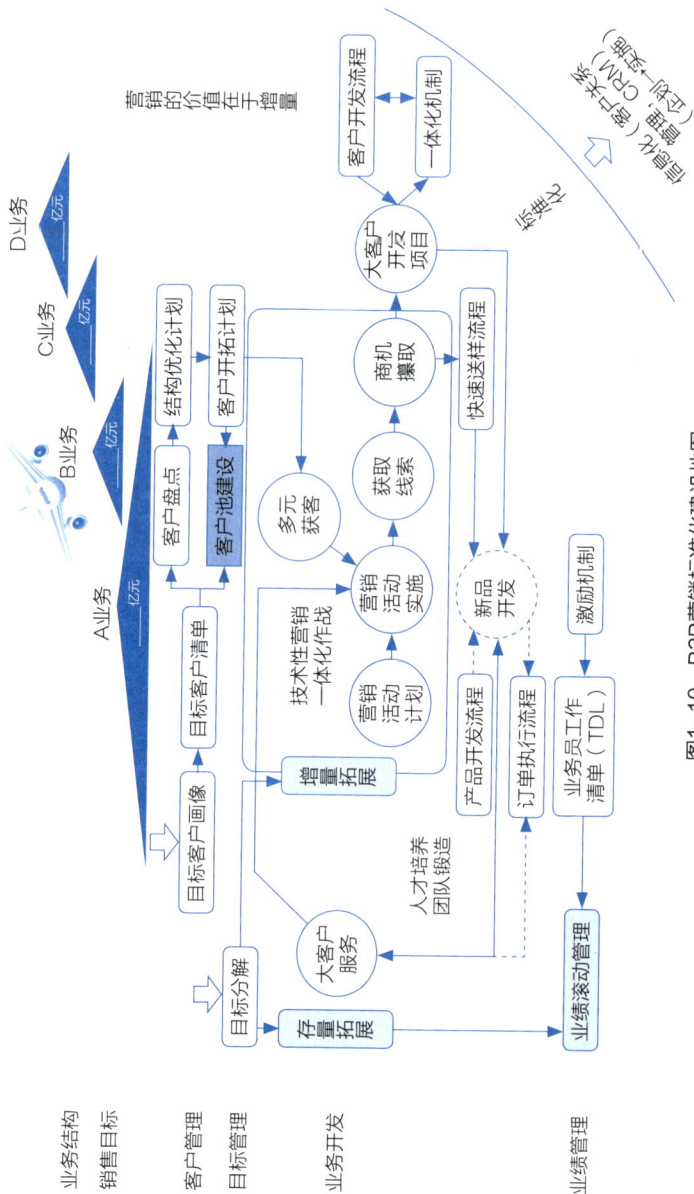

图1-10　B2B营销标准化建设地图

业务结构

销售目标

客户管理

目标管理

业务开发

业绩管理

营销的价值在于增量

A业务　B业务　C业务　D业务
亿元　　亿元　　亿元　　亿元

目标客户画像　目标客户清单　客户盘点　结构优化计划／客户开拓计划

客户池建设

多元获客

技术性营销一体化作战

营销活动计划　营销活动实施

增量拓展

目标分解

大客户服务

人才培养团队锻造

存量拓展

产品开发流程　订单执行流程　业务员工作清单（TDL）

业绩滚动管理

激励机制

新品开发

获取线索　商机攫取

快速送样流程

大客户开发项目

客户开发流程　一体化机制

标准化　系统（如CRM）

第二章

客户管理标准化

客户管理标准化内容

上一章我们说营销标准化，包括标准化作业和变化点。客户管理作为营销的一环，就是要在制订业务的销售目标后，对现有客户和潜在客户进行信息数据和行为数据的描绘，制定出目标客户的画像，列出目标客户清单，客户清单列出后进行客户清单盘点，通过兰彻斯特法则，确定客户分层、分级、分类等管理维度，比如客户实力大小、销量多少、产品占比多少、采购的潜力值等，通过多维度区分出客户的结构。

有了客户的结构，对比销售目标，设想出如果要完成销售目标，各层、各级、各类的客户占比多少。这时就需要结构优化的计划。在各层级、各类的客户中，对比现状的差距，企业需要增加多少客户？要怎么去开拓？企业应根据问题制订客户开拓计划。

有了存量客户的盘点，有了新客户的常态化开拓，我们就有了客户数据的存档，也就是客户池，我们要做好客户池的建设，这样才能随时调用客户数据，做好客户分析，制订客户维系和开拓计划，才能做好客户的标准化管理，如图2-1所示。

现在进入数字化营销时代，不少企业已经建立客户数字档案

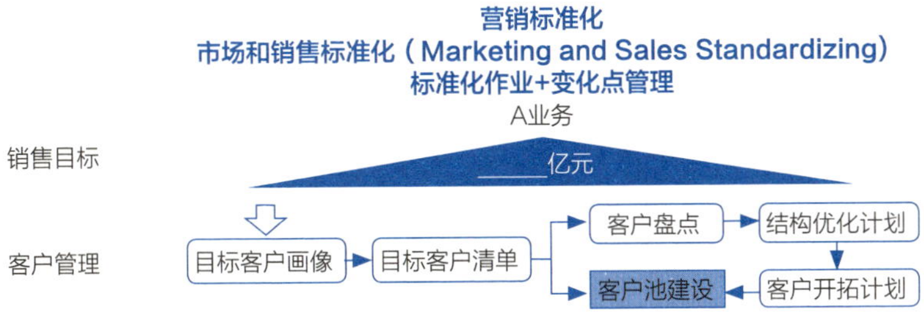
营销标准化
市场和销售标准化（Marketing and Sales Standardizing）
标准化作业+变化点管理
A业务
销售目标
______亿元
客户管理
目标客户画像
目标客户清单
客户盘点
结构优化计划
客户池建设
客户开拓计划

图2-1　客户标准化管理

或客户关系管理系统（Customer Relationship Management，缩写为CRM），运用系统存储客户档案信息，通过客户数据化的分析盘点，可以自动化生成客户分析结果，比如客户分层分级比例、客户区域分布、消费时间段。与传统的客户清单相比，客户关系管理系统更先进、更智能，还能集成其他的系统，如订货系统、网上商城等，进行同步信息更新。通过销售漏斗了解客户交易的进度，通过消费行为进行产品分析，进而帮助营销人员快速做好销售分析结果和制定营销策略。

案例2-1　某通信运营商对客户关系管理（CRM）系统的运用

某通信运营商运用客户关系管理（CRM）系统对新用户进行全周期管理，从用户开卡的基本资料登记开始，以便以后在联系用户时能核实基础信息，确保用户身份的真实性。运营商会根据每月固定费用套餐设置基础的信用额度，以便欠费时不会立即停机，同时根据消费或合约套餐设置用户会员等级，享受VIP客服经理的服务，包含使用

3天内的第一次短信、电话回访关怀。使用3～6个月内，该通信运营商会根据用户消费是否异常进行使用关怀，推荐合适的增值业务或更适合的消费方案。在使用量下降时，该通信运营商也会做用户的使用关怀，有停机风险时进行预警，提醒客户经理进行维系挽留。

运用客户关系管理（CRM）系统进行用户管理，能有效保存用户的信息，在用户的信息数据和行为数据中，系统还可自动刻画相应的客户画像，对用户画像进行针对性的消费分析和政策匹配。通信运营商可以通过客户关系管理（CRM）系统，对公司内部的客服经理自动化匹配服务任务，对用户的消费及离网行为进行干预。客户服务部回访收集用户意见和建议，改善企业内部的工作流程。市场部门根据客户关系管理（CRM）系统的数据，有针对性地对部分客户进行套餐和增值业务的研发。网建部根据前期对该区域的规划和用户提供的信号盲点信息，进行信号增强或基站建设的计划。

在客户关系管理（CRM）系统中的客户管理，通信运营商可以根据用户数据的变化进行分类分级，对高级别的客户进行VIP客户服务管理，由受过专业培训、服务能力强的专职客服经理进行客户生命周期管理，配合市场活动定期邀约客户参加主题沙龙活动，定制高端商旅服务，对合约客户定期进行终端推荐，保障顺利续签，维系并挽留高消费、重要的客户。

功能如此强大的系统是基于合理的业务逻辑运行的。只有客户管理标准化，才能在客户量不断增多的情况下，减少人为因素导致的客户流失概率，对增强客户黏性、提高客户满意度大有帮助。在客户关系管理（CRM）系统支持下，数据的可视化不但极大地降低了人工分析的成本，也提高了数据分析的准确性，客户管理变得有章可循。

只有服务好客户才能带来销量，企业应把客户管理标准化、系统化、自动化。

二

通过客户画像界定目标客户

您眼中的客户是什么样的呢？以前企业很少分析、描述目标客户的特征，甚至连目标客户是谁都模糊不清，这就会影响到日常在做营销时对客户的理解，继而影响营销的策略和销售的步骤，最终影响营销目标的达成。

我们认为，通过客户画像可以界定目标客户。

什么是客户画像呢？它就是勾画目标客户、将客户诉求与设计方向有效链接的工具。就好比一幅素描画，我们需要勾勒出它的轮廓，然后再用信息和行为的数据来丰富它的形态。

客户画像基于真实的客户，却又不是一个具体的人，根据目标客户的多维度属性，迅速提炼出一类客户画像。这类客户有什么样的共同点，他们的经营单元的信息是什么，有什么消费习惯，要把他们这些属性提炼出来。

但只有一个客户画像够不够呢？不够的，我们的产品又不是只卖给一种客户，所以一个产品需要4～8种类型的客户画像。

以C端客户（个人消费者）为例，想象一下您开了一家门店，来往的客户类型多种多样，我们一般需要分析他们哪些数据才能刻画客户画像？

我们可以把这种类似素描画需要勾勒的轮廓分成两种类型，一种是信息数据，另一种是行为数据。

信息数据包括性别、年龄、身高、体形，还包括教育程度、婚姻状况、家庭收入和家庭住址等，其中就包括刚才所说的个人信息和经营单元的信息。有些客户是以家庭为单位，必须得把这些信息数据纳入进来。

行为数据包括购物频度、消费水平、信用，还包括搜索习惯、运动和兴趣爱好等。

除了了解个人信息和经营单元的信息，更重要的是要了解客户习惯于做什么事情？他的行为规律有哪些？例如，有些朋友特别喜欢吃夜宵，吃夜宵就是一种消费习惯，当他们消费时就会产生数据，比如消费频次是一天一次，或者每周2次都行，每次是晚上10点后，而在消费金额上，比如一个潮汕海鲜砂锅粥是80元，整体下来包括啤酒在200元以内，这就是消费水平。

另外，信息数据和行为数据是否是一成不变的呢？不是的！它们会随着时间推移而动态改变，比如信息数据中人的体态，是会变胖还是减肥成功？比如家庭成员多了一个宝宝，这就造成经营单元结构性变化。行为数据也会随信息数据改变而改变，家里消费奶粉和纸尿裤的比例提高，消费额度直线上升，这时我们的客户可能压力随之增大，需要一天至少出门一次释放压力，可能跑步的运动量就增加了。要学会动态来看目标客户的客户画像，继而调整营销策略。

零牌顾问机构以正式的客户画像指引具体营销工作，主攻目标客户，带动一般客户，追求高质量的客户开发，保证营销效率。

零牌顾问机构将客户画像分为管理咨询业务和培训业务两种。

关于管理咨询业务的客户画像，信息数据是：时代性行业，符合零牌区域规划，营业收入在20亿元以上。其中，以营业收入30亿元以上的客户为主攻客户，这些客户都在快速成长中。行为数据是：有明确的战略，有清晰的痛点或者兴奋点，包括经营绩效方面的、系统建设或者人才培养方面的，有年度计划和项目预算。

关于培训业务的客户画像，信息数据是：时代性行业，符合零牌区域规划，营业收入在3亿元以上。行为数据是：成形的培训体系，有年度培训计划和培训预算。

三

用掐尖法制定目标客户清单

营销的价值在哪里？营销的价值在于增量。

营销具有感知市场风云变化、晴雨雷暴的战略性职能，是市场排头兵，肩负着企业的未来。

企业需要的是建设战略性的营销体系，而不是仅依赖优秀的个人和丰富的经验，是团队作战，是组织作战。建设战略性营销体系可以减少对老板和金牌业务员的过度依赖，提高组织和团队的营销力，加速资金流动和资金增值，确保企业可持续经营。

除了客户画像，这里还要谈到目标客户清单。

目标客户是企业的产品或服务的对象。我们谈目标客户，就是要把对增量的有限资源，集中用到最有效的客户群体上。

制定目标客户清单，是营销标准化的起点，我们运用的市场拓展七法包括：掐尖法、行业法、地域法、跟随法、标杆法、集团法、供应链法，如图2-2所示。

（1）掐尖法 企业通过制定客户画像制定目标客户清单，利用信息或行为数据的条件排序方法，直指最靠前的客户群体，得出针对性的目标客户清单进行拓展。

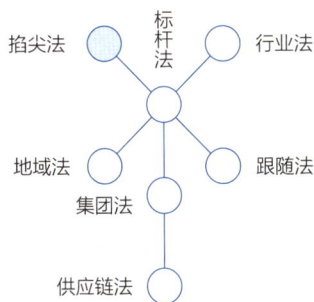

图2-2　市场拓展方法

（2）**行业法**　企业通过相关行业内对客户进行基准的对比，或者行业外相似项目在不同企业中的比较，列出清单进行拓展。

（3）**地域法**　企业行政区域划分目标客户群体，或者通过产品划分客户区域，或者通过客户某种特征划分，用地图的方式列出作战式的目标客户清单，在当地树立客户标杆，辐射周边客户。

（4）**跟随法**　以行业内外相似项目的企业作为样板，模仿对方的目标客户清单。

（5）**标杆法**　以上四种方法都基于标杆法，即企业通过对客户成功模式的筛选，找到最佳目标客户，对行业内客户进行拓展，在地域进行辐射拓展，跟随竞争对手进行客户拓展。

（6）**集团法**　在企业内进行纵向和横向的拓展，对企业总公司、各部门、子分公司进行拓展。

（7）**供应链法**　对客户的供应链上下游进行拓展，比如上游的供应商及下游经销商、客户群体。

最常见的是掐尖法，它可以最有效地锁定目标客户，减少营销成本，集中精力，提高对客户营销的有效性。在实际应用的过程中，有多种方法综合应用的情况，比如企业采用供应链法和地域法结合开拓市场，用标杆法影响周边其他客户的采购决策。

> 📝 **案例2-3　新开发市场要选择既有实力又"情投意合"的经销商**

某公司区域营销人员小张进入新开发的市场，这时的小张焦头烂额，不知如何开拓市场，尤其公司的产品在这片区域内没有品牌宣传，零客户基础，而且公司只派他一名业务人员过来。怎么把有限的精力投入到有效的客户开拓工作中，成了类似小张这样的业务人员的难题。

大区经理老李给了小张建议：你要有计划地把区域划分片区，在各个片区中，从产品使用者那里得知竞争对手产品购买的渠道，再从产品购买的零售商那里得知当地的经销商的信息，走访完当地的经销商，就可以进行经销商的筛选，优中选优，尤其是对我们品牌认同的经销商，我们要找"情投意合"的客户。

老李给的建议当中，就是先用地域法画地图，将市场分类、分时段设置开拓计划，从客户摸查到零售商，再从零售商摸查到经销商，运用供应链法找到最终目标客户。

小张听取了老李的建议，经过两个月的市场摸查和客户筛选，拜访经销商和实地走访零售商，多方面地调研，终于在一个区域里找到合适的实力经销商，开启了区域市场的营销工作。

但是只有一个区域是不够的，小张计划在其他区域用同样的方法进行客户拓展，以达到市场辐射的效果，然而现实中的工作并没有那么顺利。

老李给了小张第二个建议：把一个区域做强做大，树立标杆。

小张又用一个月的时间，与经销商一起走访零售商，了解本地市场信息数据和客户的行为数据，参与经销商团队在营销策略的制定，制作出适合本地市场的营销方案，并策划组织了一场别开生面的订货会，在当地刮起主打产品的订货风潮，经销商在小张的帮助下，一个月内完成了以前三个月的销售目标，打开了该区域的市场。

其他区域的经销商听闻小张组织活动，纷纷主动要小张的联系方式，约小张面谈合作事宜，小张成功完成了区域市场开拓的任务。

小张到底运用了哪些方法呢？他首先用地域法划地盘、分市场，用供应链法找目标客户并筛选目标客户，再用标杆法树立口碑，从而打开市场。

用兰彻斯特＋ABC法则
规划理想的客户结构

兰彻斯特法则的创始者是出生于英国的技术工程师F.W. 兰彻斯特，他原本是一名汽车工程师，在他作为奔驰汽车公司的顾问时，开始研究飞机，强烈的好奇心和学习力促使他成为一个伟大的航空工程师。他对螺旋桨的研究，促使他对实际空战的数字产生兴趣，几架飞机对几架飞机的战斗结果如何这个问题使他更进一步地去收集各种地上战斗的资料，以探索兵力的变化和损耗量之间是否具有某种联系。这便是兰彻斯特法则的由来。

兰彻斯特法则分为第一法则（单兵战斗法则）和第二法则（集中战斗法则），而由这两个法则的观念，再导出弱者的战略（第一法则的应用）和强者的战略（第二法则的应用）。

第二次世界大战之后，兰彻斯特法则被逐步延伸到营销战略管理中。它不仅是有效的营销管理法则，在商品战略、市场规划、流通渠道等方面都有较大的实用价值。

我们回到客户目标清单上，当用兰彻斯特法则时，实际上也是用掐尖的战术，力量和资源的平均化使用在企业经营中是要避免的，在激烈的市场竞争中应该扬长避短，力争在局部环节和领域建立相对优势。在客户规划上也是一样，用在客户上的资源要有侧重。

如何规划理想的客户结构呢？

我们可以用兰彻斯特＋ABC法则（图2-3）分析两个维度，一个是客户的规模，另一个是本公司的产品在客户公司的占有率。

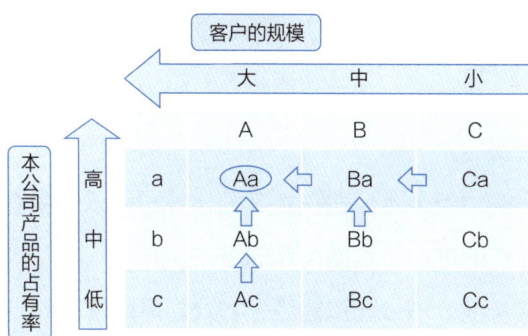

图2-3　ABC法则应用

当客户规模大，本公司产品的占有率高时，我们称之为Aa客户，即理想客户。

当客户规模中等，本公司产品的占有率高时，我们称之为Ba客户，即重点客户。

当客户规模大，本公司产品的占有率中等时，我们称之为Ab客户，即发展客户。

……

规划客户就是要把Ca、Bb客户发展为Ba客户，把Ac客户发展为Ab客户，把Ab、Ba客户最终发展为Aa客户。

很多朋友会问，客户的数据对我们并不是开放的，不像自己公司可以轻易提取数据，要是不知道本公司产品在客户公司的占有率时该怎么办？

首先，客户购买本公司产品的销售量是可以提取的，我们可以根据销量进行分级。

当无法知道本公司产品在客户公司的占有率时，可以按照以下维度进行评估，如图2-4所示：

客户端规模×本公司销售等级。一般规模越大的企业，合作的潜力越大。

本公司的地位×本公司销售等级。公司可以从中看出客户在本公司或业内的地位，判断合作的潜力。

客户成长性×本公司销售等级。公司可以依此规划未来要重点关注的客户，并根据客户的成长性规划本公司的产品。

本公司利润贡献×本公司销售等级。年度贡献本公司多少利润，可以作为客户规划的重要分析维度。

无法知道本公司占有率时		
• 客户端规模	×	本公司销售等级
• 本公司的地位	×	本公司销售等级
• 客户成长性	×	本公司销售等级
• 本公司利润贡献	×	本公司销售等级

图2-4　估算本公司占有率

五

用量-利分析判断现有客户结构

我们可以用兰彻斯特法则来分析客户结构，集中力量做营销，那怎么判断我们现有的客户结构呢？不同企业和不同的客户群体有不同的判断方法，举个例子，我们可以使用毛利率和年销售收入两个维度，以年度量-利来判断客户整体价值，盘点客户结构，评估经营效率，如图2-5所示。

毛利率

客户盘点
以年度量-利判断客户整体价值，
盘点客户结构，评估经营效率

年销售收入

图2-5　客户结构分析框架

当交易规模大、利润率高时，我们称之为A类客户。

当交易规模小、利润率高时，我们称之为B类客户。

当交易规模大、利润率低时，我们称之为C类客户。

当交易规模小，利润率低时，我们称之为D类客户，如图2-6所示。

我们以某集团公司的经销商客户分类为例，按客户分析销售额和毛利率的相关性，并且从中选出优质客户，如图2-7和图2-8所示。

A类属于优质客户，但数量分布是最少的，在企业里属于VIP客户，是企业服务的重点对象。

B类占大多数，毛利率高但交易规模小，属于发展型客户，

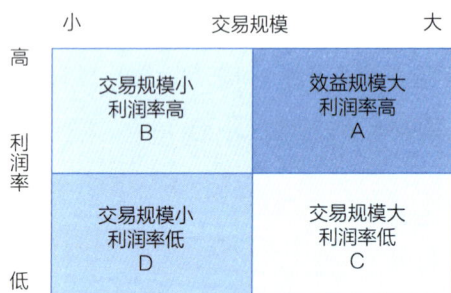

图2-6　评估经营效率框架

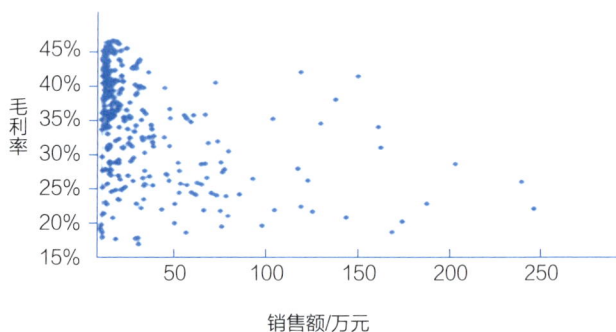

图2-7　按客户分析销售额和毛利率的相关性

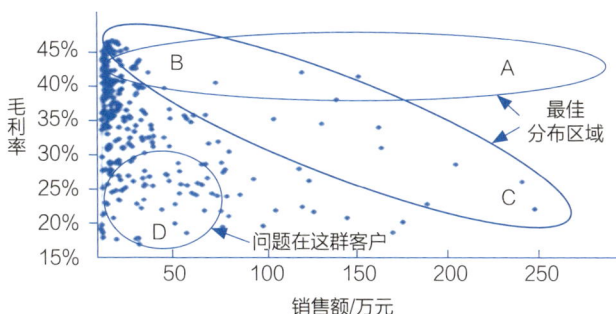

图2-8 选出优质客户

有些企业如果本身的体量比较大，在该企业的业务量少，就要争取增加业务占比，提高交易量和销售额；有些企业体量小，可以看该经销商是否有发展的潜力，适当扶持，帮他们做强做大，同时也能达到提高销售额、增强客户黏性的作用，这类客户成为优质客户的潜力最大。

C类客户虽然交易规模大，但利润小，企业薄利多销，有点赔本赚吆喝，一般属于战略型客户。

D类客户交易少，毛利率也低，是问题客户。要重点筛选这类客户，看是否有发展的潜力，看是否能通过营销策略进行增强。如果是没有发展潜力，并且合作意愿不高的客户，企业可以选择暂时放弃，把更多的精力和资源放在更有需要的客户身上。

我们把客户分层分级，不是要看放弃哪些客户，而是有选择性地投入资源。营销人员的时间也是公司的资源，做得好的营销人员会把更多精力放在更容易为公司创造利润的客户身上，而不是对客户一视同仁。能选择出优质客户是优秀营销人员的必备技能之一，同样在客户管理上，优秀的企业会对客户进行合理的分层分级，以制定不同的营销策略和服务内容。

客户标准化管理要怎么做呢？那就是进行客户档案管理，从客户基础数据开始，收集客户的信息数据和行为数据，比如某个重要企业级的客户资料档案上，需要对客户的公司进行结构化的记录，如图2-9所示。记录内容包括：

（1）概要　该公司创立了多少年，注册资金是多少，上市发行股票数是多少，是否有其他的基地或分公司，基地和分公司的数量是多少，总部和分公司员工数有多少。

（2）主营业务　该公司属于什么行业，有什么主打的产品，比如客户是电器商品制造商，就包含家电、数码制品、半导体。有时该公司不只进行制造业务，还兼做医疗设备的贸易及服务。

（3）经营者　了解该公司董事长和总经理的姓名，以及他

图2-9　对客户公司信息进行结构化记录

们的个人信息，包含生日、经历、兴趣等。

（4）**财务状况**　了解该公司近两年的财务报表内容。

（5）**业务履历**　可以上企业官网进行了解，一般企业都会有历史沿革的呈现，如果没有可以从客户拜访和日常电话内容中了解。

（6）**关键人物**　除了经营者，关键人物是有可能影响到营销决策的人物，比如采购部总监/部长，技术部总监，品管部负责人、制造负责人、营销负责人。

（7）**过去的销售业绩**　客户在本公司购买的产品品类，分别在每年每个季度的销量是多少，销售金额是多少。如果是新客户没有历史数据，就要呈现该产品在其他品牌的销量，如果是第一次采购该产品，则统计相应的需求量。

（8）**对客户课题、中期计划的理解**　作为供应方，企业对客户的业务理解随着客户的发展变化而变化，因此企业需要了解客户的发展战略、业务新领域、目标客户、海外拓展计划、专业领域集中计划、中期营销计划、新据点开拓、软件配置管理（SCM）、生产系统的变更，以调整产品销售的解决方案。

（9）**探求本公司的机会**　在了解完客户的信息后，营销人员要分析和思考本企业客户端务必共享的信息、共同推进的课题是什么，以及有哪些新的业务机会。

除了完成客户基本档案的信息数据收集工作，我们还要对客户的行为数据进行分析，即分析客户在本公司采购的数据，包括产品的品牌、品类，年度、季度的销量及金额等信息。品牌和品类可以帮助我们了解客户的采购偏好、最畅销的产品，有利于后期进行产品销量和竞品分析，也为下一年度、季度的销量预测提供依据。

我们通常把客户的行为数据分为数量和金额两类（见表2-1），从中可以看到：数量上哪一个季度是最少的，哪一个种类是最少的；客户的采购行为是否有旺季和淡季之分，一个客户这样还是多个客户都有采购的淡季和旺季。了解到客户的采购周期和数量，结合客户的信息数据，企业就会对客户的采购行为有更加立体的认识。

表2-1 客户行为数据

品种	品牌	2015年					2016年					2017年				
		第一季度	第二季度	第三季度	第四季度	合计	第一季度	第二季度	第三季度	第四季度	合计	第一季度	第二季度	第三季度	第四季度	合计
数量																
化妆水	xxx0001															
	xxx0002															
	xxx0003															
乳液	yyy0010															
	yyy0011															
	yyy0012															
口红	zzz0020															
	zzz0021															
	zzz0022															
洗发水	abc0001															
	abc0002															
	合计															
金额																
化妆水	xxx0001															
	xxx0002															
	xxx0003															
乳液	yyy0010															
	yyy0011															
	yyy0012															
口红	zzz0020															
	zzz0021															
	zzz0022															
洗发水	abc0001															
	abc0002															
	合计															

这是一个关于雪花啤酒和江小白的故事。故事发生在中国休闲城市之——成都。自古在酒业一直有句名言：西不入川，东不入皖，对白酒市场来说，新品牌要进入四川和安徽都是很难的事情，但江小白做到了，它撬动了整个成都市场。

当时雪花啤酒的渠道铺遍成都各个网点，市场占有率达到75%以上，坐拥200多家一级、二级经销商，年产值达到10亿元，稳坐大小酒馆。

啤酒的旺季是春暖花开和炎炎夏日之际，白酒刚好相反，秋冬时节来杯白酒暖暖身，江小白就是这么特立独行，借助雪花啤酒的渠道，把白酒铺到啤酒的渠道，让各个渠道的淡季变成新的旺季，而且对雪花啤酒没有任何影响，甚至有互补的作用。

江小白就这么大张旗鼓，采用"保姆式"营销模式，嫁接了雪花啤酒1/3的配送商，在成都市场打通了渠道，无须在渠道上花费精力和竞品博弈，无须在非战略方向消费有限的资源，将有限的人力、物力、财力聚焦在消费者这个支点上撬动成都市场。

通过这个案例可以看出，分析客户消费的淡季和旺季有多么重要。当很多啤酒企业还在研究产品、研究政策时，研究客户的江小白先行一步，打开了淡季和旺季的消费通路，经销商乐意支持，消费者获得更符合消费场景、能做线上线下社交互动的产品。

六

根据客户分析制订开发目标

在对客户进行分层分级的过程中，我们会把客户的现状进行信息数据和行为数据的盘点——刻画客户画像，明确客户的属性，区分直接客户和最终客户。直接客户就是为产品服务买单的客户。直接客户不一定是产品服务的使用人。最终客户不一定是买单的客户，而是作为产品服务的最终使用者或受益者。

当我们对客户进行区分画像，就能从更多维度更加深刻地理解客户的需求，找出客户暂时无法解决的问题和痛点，以及让客户觉得本企业产品正好是他们需要的产品，给客户的工作和生活带来更多憧憬，让他们产生非此不买的兴奋点，如图2-10所示。

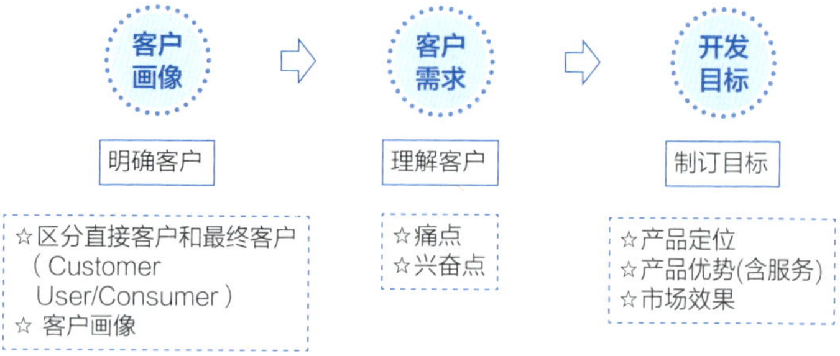

图2-10 客户分类及画像分析

客户的痛点和兴奋点就是我们产品要完成的目标，是产品的定位原点。产品定位需要重点考虑：满足客户的什么需求？产品在市场上会有什么样的优势？产品和产品相关的服务是否在市场上具备优势？产品投放到市场上的效果如何？依据对客户的分类和画像分析，企业对未来市场客户所有效果的预见都变得有章可循。

最后根据客户的需求制订开发目标，找出产品的市场定位和产品的优势所在，评估市场效果。

案例2-5　在特殊时期及时进行业务调整

零牌顾问机构辅导的客户当中就有一家以海外市场客户为主的制造型企业。在客户拓展的方式上，该企业以往是以参加各国的大型产品展销会，与全球各地的经销商进行面对面交流为主；在客户接洽上，该企业以上门拜访和邀约到国内厂房进行参观，现场展厅进行产品体验，并在谈好合作意向后进行产品培训为主。这种开拓客户的方式从该品牌建立沿用至今，已经有10年的时间。

2020年年初的新冠疫情使全球的大小型展会取消或延期，这家企业的海外市场销量直线下滑，直接掉到不到20%，不得不寻求新的客户开拓方式。

挑战伴随着机遇，以前不被看好的国内市场异军突起，国内的疫情让该行业产品的需求量迅猛增长。这时，营销管理人员根据市场变化和客户数据分析制订新的客户开发目标，并和高层沟通，迅速制定开发市场的政策，火速进行国内市场的开拓。因营销人员迅速反应成功抢占了国内市场，虽然少了国际市场的高销量，但公司整体在上半年实现了利润增长的目标，安全度过了这段特殊时期。

就算海外市场环境恶劣，该企业海外营销部也发挥出营销人应有的韧性和坚持，在存量客户的维系上，对老客户进行逐一关怀，了解各个客户国家的疫情，寄送防疫物资，鼓励客户一起渡过难关。同时，该企业大胆尝试开拓客户的新方式，在谷歌上大力推广国际版官方网站，在各大国际社交媒体的平台上，比如推特、脸书、领英等进行产品的推广宣传，和粉丝互动，吸引社交媒体客户群体的关注。除了日常的运营，该公司海外营销人员还制定了各平台的分析维度：

（1）流量分析　例如，该企业对访问量、访问时间、粉丝量、文章阅读量、粉丝偏好、粉丝构成和粉丝愿意推荐量等数据进行分析，评估网站运营的质量，甚至可以得出销售线索。

（2）销售分析　该企业对网上销售的数据进行分析，销售数据除了包括下单数量、二次购买率及支付比例等，也要核算网上预订线下支付的订单。由于我们尚未有网上直接下单系统，此处主要是指引流成交率。例如，一位客户来自某网站的介绍，如果成交了，就可以根据销售线索的总量计算出此网站的销售转化率。

（3）内容分析　该企业对各新媒体平台的内容数据进行统计，比如推文阅读量、账号粉丝数、文章推荐量等。通过基础数据分析，该企业可以及时地调整文章标题和内容。找出粉丝最感兴趣的话题，不局限于产品宣传。

......

在线上一系列数据分析和内容运营攻势下，海外业务加大在线上接单的力度，业务量从20%恢复到50%，并在逐步上涨。在这段特殊时期，由于营销人员对客户的关怀，该企业也积攒了一波品牌粉丝，随着海外疫情的缓解，营销人员还准备做一波海外经销商的老客户回馈，并向各个地域的客户展开不同关怀主题的活动，希望能恢复更多的业务量。

这就是该企业对目标客户现状进行分析了解后，采取不同营销补救策略，并快速行动的结果。

（七）

列出客户管理标准化输出清单

客户管理标准化围绕图2-11来开展，详细分解看下文六大模块。

图2-11　七大工具六大输出

（1）目标客户画像　企业要描绘出公司主营业务的目标客户画像，分别收集客户的信息数据和行为数据，并进行分析和素描，实时更新客户数据资料。如果是未数字化管理的企业，建议尽快把数字化管理排上日程。随着客户量的增加和客户范围的扩张，全国乃至全球市场的客户分门别类，更需要数字化系统的自动化更新，客户画像才能实时调整，以便于营销策略的制定和客户解决方案的调整。

（2）目标客户清单　当要列出客户拓展及存量客户维系的名单时，基于最新的客户画像，以掐尖法列出公司主营业务的目标客户清单。除了掐尖法，我们还可以根据客户市场条件进行筛选，比如地域、行业等，列出符合拓展条件的企业，进行拓展并形成标杆效应，以影响相同类型的客户，有了成功案例，相当于给销售人员多了一把利器，拓展客户更为便利。

（3）客户盘点　列出现有公司主营业务的客户清单，通过B2B客户量和利润的分析，形成客户点状图或热力图，客户分布更加清晰，并制作各大业务板块的年度客户盘点报告。

（4）结构优化计划　规划理想客户结构，分析现有客户结构，通过兰彻斯特＋ABC法则，以及对客户的分层分级管理，提出客户结构优化方案，把客户做强做大，或者增加本公司在客户端的品牌产品占有率，渗透客户业务，增强企业影响力。

（5）客户开拓计划　根据客户分析和开发的周期，制订1~2年的大客户开发计划，可以运用营销活动或者相关政策的制定，预先规划每个月或每个季度的开发活动，可以从市场类型、产品类型、客户类型等方面进行多维度的计划，以增加市场覆盖面。制订计划可以从公司市场部进行，全公司统一行动，也可以在制订客户开拓计划时把相应的活动主题、活动所需资源及人力等进行初步规划，便于了解开拓计划所需预算，让公司做好市场预算的准备。

（6）客户池建设　定期进行客户盘点，对照理想客户结构，动态管理客户池。随着客户量的增长，客户池水涨船高，客户的类型也越来越多，对应的市场和产品越来越丰富，作为营销管理人员，就得定期维护客户池，根据原先定好的分析维度进行数据的更新和数据更新结果的输出，分析在一段时间内，客户群体的信息数据和行为数据是否有所变化，客户在产品的偏好上是否改变，以及在销售人员的努力下，客户结构是否能够改善到理想的状态。只有这样，客户池建设后的使用才能达到客户池建设的目的。

基于以上内容，对客户进行标准化管理，需要输出表2-2中的清单内容。

表2-2　客户管理标准化输出清单

序号	项目	内容	工具包	输出
1	目标客户画像	分别描绘四大业务的目标客户画像	信息数据和行为数据	公司主营业务客户画像
2	目标客户清单	基于客户画像，以掐尖法列出公司主营业务的目标客户清单	掐尖法	公司主营业务目标客户清单
3	客户盘点	列出公司主营业务现有客户清单	B2B客户量-利分析客户盘点	公司主营业务年度客户盘点报告
4	结构优化计划	规划理想客户结构，分析现有客户结构，提出客户结构优化方案	兰彻斯特＋ABC法则客户分层分级管理	公司主营业务客户结构规划及优化方案
5	客户开拓计划	根据客户分析和开发周期，制订1~2年大客户开发计划	客户需求分析及开发策划表	公司主营业务两年大客户开发计划
6	客户池建设	定期进行客户盘点，对照理想客户结构，动态管理客户池	客户盘点	公司主营业务客户盘点季度报告

第三章

目标管理标准化

经营就是打开门来做生意，面向市场和客户抓机会、创收入；经营就是应对变化；经营有面向短期（一年）的经营，还有面向中期（3~5年）的经营。

营销就是经营，年度经营的第一大直接目标就是销售收入。营销就承担着这个责任：服务老客户，开发新客户，拉动产品开发和生产交付，确保企业迈向中期发展目标。这就要求企业建立自上而下分解、自下而上支撑的目标管理体系，将企业的经营目标快速落实到营销目标上，指导销、研、产一体化作战。

目标管理标准化的内容

目标管理最核心的内容是团队实现目标所依赖的路径管理，也就是要管理企业的销售收入的构建路径，而不是简单地管理那个放在企业经营计划中的数字。需要从销售目标的分解、产品结构的优化两个维度，从存量客户、增量客户两个群体去进行目标管理。

目标管理的核心是销售收入，载体是产品，销售收入的源泉是客户，所以要以客户为最终的细分单元来展开营销活动，进行目标管理。

1 各业务整体销售收入目标分解到存量客户和增量客户

一个多元化业务的企业，销售收入是由多项业务收入构成的（图3-1），特别要说明的前提条件是：企业每一年的销售收入目标并不是临时制订的，而是根据企业已经制订的中期发展目标（3~5年）确定的，也就是说，未来几年的销售收入目标早就制订了，每年年底根据当年实际达成的情况和环境的变化，在第二年既定目标的基础上稍做微调，确定第二年的执行目标，根

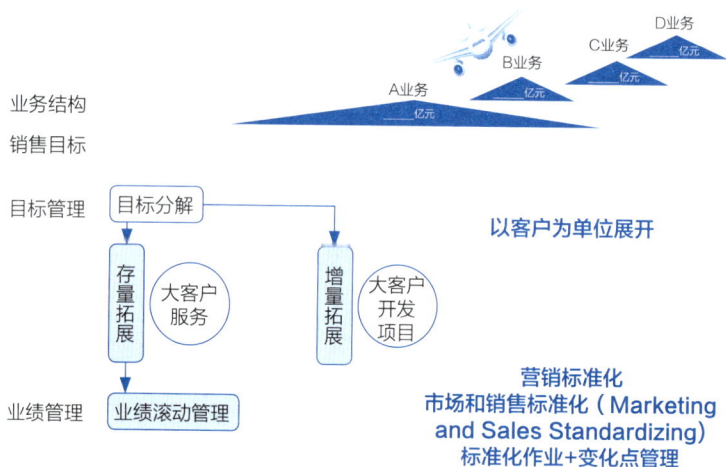

图3-1　目标管理标准化的内容

据总的销售收入目标，分解到A、B、C、D四大业务的销售目标中。

接下来要将各项业务的销售收入整体目标分别向下分解，B2B业务是以客户为单位进行营销的，首先要将目标分解到存量客户和增量客户。

通过对存量客户的分析和预测，得出存量拓展目标——针对现有客户的销售收入要增长到多少，这是基于现状、经过努力应该增长的销售目标，有的客户可能是增长的，有的客户可能是减少的，这个目标是可行而又有挑战性的目标，一定要实事求是，不能强压。

基于现有客户可能实现的销售目标，不足的部分就要靠增量拓展补上，也就是要开发新的客户实现销售收入的增长。

2 存量拓展靠的是大客户服务，增量拓展靠的是大客户开发

存量拓展就是指针对现有客户的销售收入要增长。企业要对每一个现有客户进行分析和策划，只有做好大客户服务，客户才有可能把更多的订单下给公司。

增量拓展就是要开发新的客户尤其是大客户。新客户直接带来销售增长，也就是通过一个又一个大客户开发项目拉动业务开发。

老客户下单更多、新客户开始下单，以客户为中心，自上而下分解、自下而上支撑，将各业务整体销售目标落实到位，建立一套扎实可行的目标管理体系。当新的销售收入目标确定后，企业就可以将这套目标管理体系落实到对老客户的维护和对新客户的开发上，有客户作为支撑的销售目标才是可行的。

3 基于目标管理标准化进行业绩滚动管理

在此基础上，以客户为对象，以日为基础、以周为单位进行销售业绩的滚动管理，每月进行复盘和调整，做好过程管理，及时应对变化。

业绩滚动管理是目标管理标准化的一个部分。

现在，越来越多的企业在推进营销可视化，建立销售仪表盘，每天都可以看到每个客户的接单和交付数据，进而按照区域、产品和营销团队等多维度进行统计、分析和展示。

在相同的信息面前，人们的决定会趋于一致，这是信息透明和信息对称的结果。目标管理标准化可以统一全体营销人员的认知，用共同的标准来进行内部管理时，既可以增加一致性，也可以营造良性的竞争氛围，引导营销人员互相学习、你追我赶的内部分享模式。

目标管理标准化指的是企业要构建一套目标分解和支撑的标准化结构，一旦确定总目标，可以快速分解为对现有客户业务拓展的要求，以及对开发新客户的要求。企业可以在推进目标管理标准化的过程中，找到一套适合自己的目标分解路径，做到目标快速带动行动。

◯ 销售目标分解

　　管理是为了实现目标，目标管理就是围绕目标实现有效管理 5M1E［人员（Man）、机器（Machine）、材料（Material）、方法（Method）、环境（Environment）、测量（Measurement）］六大要素。只有将销售目标分解落实到各个维度，才能明确不同维度实现目标要解决什么问题，问题解决得好不好又可以用目标达成的状况来衡量。从人员（包括团队）的角度来说，目标不分解就会出现"吃大锅饭"的现象，目标分解到位才能有效管理。

> **案例3-1　某公司销售目标分解**

　　某公司的中期发展目标是用未来3年的时间，在3年后实现每年30亿元的销售收入，分解到当年的销售目标是20亿元，再分解到公司主营业务，其中家电智能控制器（含小家电和大家电）的销售收入是13.4亿元，占总目标的67%，如图3-2所示。

　　这个目标要分解到老客户销售收入和新客户销售收入，还要分解

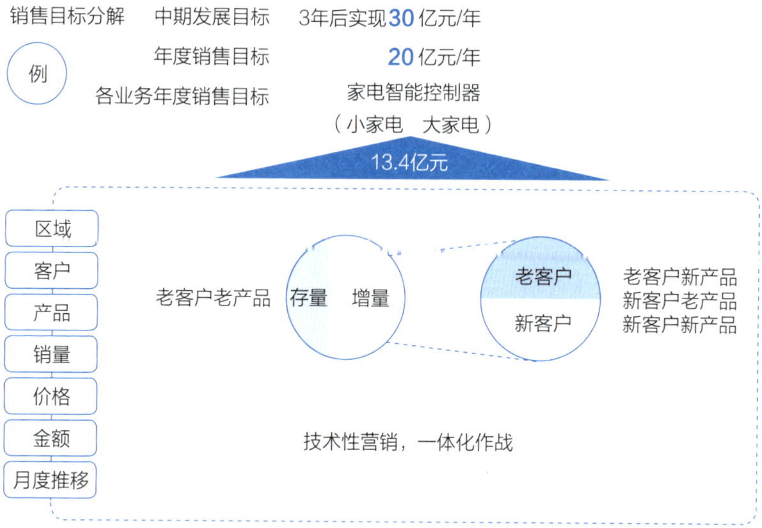

图3-2 某公司销售目标分解

老客户老产品的销售目标和老客户新产品的销售目标、新客户老产品的销售目标和新客户新产品的销售目标，这就可以制定针对新老客户的营销策略，还可以从老产品和新产品销售的角度制定针对性的策略。

接下来从区域、产品、销量、价格和金额等角度细化分解，毕竟客户下订单不是按金额下，而是按照用量来下，金额是销量乘以价格的结算标准。还要把相关目标分解到12个月，进行推移管理。

例如，公司的整体目标一般都是按年度做规划的，那么从时间维度，我们就需要将目标细化到季度、月度、周甚至日；从组织维度，我们又需要将目标细化到业务板块及部门；从空间维度，目标又可以分解不同的区域目标，从全国到省、市、县等，不一而足。

销售目标分解是为了更好地实现公司的整体销售目标，在分解和细化销售目标时，就需要我们从多个维度去系统地规划销售目标。

那么，我们应该怎么去做销售目标分解呢？

首先，我们从公司的中期战略目标出发，根据中期战略目标中对未来的区域市场结构、客户结构、产品结构等的规划，将销售目标落实到年度、季度、月度。接下来，根据各个业务板块的不同，分别制订各个板块的销售目标。

1 按区域进行销售管理

按区域进行销售目标和销售业绩管理是最基础的维度，因为客户的地理位置在哪里，企业的营销活动就要覆盖到哪里，营销组织的设置通常就会按照地域进行，例如：国内、海外，华东、华南、华北、东北、西北、西南，美洲、欧洲、东南亚，等等。

按区域进行销售管理，本质上是按照市场特点进行营销作战，因为每个地域在气候、生活习惯、社会文化和市场竞争等方面都有不同的特点，企业对应的策略和目标也应该是不同的，例如南方湿度大、北方比较干燥，公司在南方卖得好的产品在北方就卖得不好，企业要充分考虑各个区域的市场状况和变化趋势，做出不同的营销安排。

对于B2B业务，由于产业链配套的集群效应，业务可能集中在华南、华东，散布在环渤海经济区，企业在分解销售目标的时候应该区别对待，从存量和增量的角度，可能是华南稳步增长、华东快速增长、环渤海要实现零突破，这样做出来的目标才是合理的。

2 按客户进行销售管理，以客户为单位制订年度销售目标

B2B业务以客户为对象进行营销作战，而不是以产品为对象进行营销作战，产品只是进攻客户的"枪支弹药"和策略手段而已，目标是为客户创造价值、为企业创造销售业绩，所以现代营销不是推销产品，而是根据客户需要开发产品、提供服务。

客户分为老客户和新客户：老客户是现有客户，要维护好，属于大客户管理工作；新客户是没有成交、准备开发的目标客户，属于大客户拓展工作。销售目标是靠一个个客户一次次下单来完成的，企业如果不以客户为中心，销售目标就会成为无根之木、无源之水。

企业可从客户的维度分解销售目标，按照客户和产品二维矩阵从四个方面进行销售管理，如图3-3所示。

（1）老客户老产品　预计老客户采购老产品的数量是多少？对应的是：营销团队要努力将老产品销售给老客户的目标是多少？营销团队要提高在客户端的采购占有率。

图3-3　用客户和产品二维矩阵进行销售管理

（2）老客户新产品　预计老客户采购新产品的数量是多少？对应的是：营销团队要努力从老客户那里获取多少新产品的订单？营销团队要将新产品推送给老客户。

（3）新客户老产品　哪些新客户是对老产品有需求的？对应的是：营销团队要从新客户那里获取多少老产品的采购量？营销团队要拉出目标客户清单，根据客户开发的进展制订目标。

（4）新客户新产品　哪些新客户是对新产品有需求的？对应的是：营销团队要从新客户那里获取多少新产品的采购量？

制订销售目标不是简单地分解数据，也不是简单地定出一个数据，更不能强压目标，而是对每一个老客户和计划开发的新客户进行分析，根据客户的销售计划和新产品开发计划所产生的采购需求，对接到企业自身的产品，分析可能的机会和可能的销量，制订一个可能的又有挑战性的销售目标。

营销的价值在于增量，有销售增量才有所谓的企业成长，不成长就意味着衰退，这就是"营销就是经营"的要义。聚焦客户求增量才会带来销售业绩，当老客户的销售目标不能支撑整体目标时，企业就要开发新客户获取增量，按照这个思路做好增量目标的管理，才能将销售目标分解得合理有效。

对于B2B业务，绝大多数企业和绝大多数营销人员都是首先以产品为对象着手编制年度销售目标，与此不同的是，日本企业首先以客户为对象，为什么呢？"B2B营销是针对客户来展开的"，松下（中国）前总裁木元哲先生一语道破，"先是客户，再是产品，一个一个客户的销售目标累加起来，这样得到的产品销售目标是实实在在的。"

制订年度销售目标的时候，以客户为单位进行制订，对每一个现有客户进行具体的、相对准确的销售预测，在明确策略、充分努力的基础上，制订相应的年度销售目标；对通过开发新客户创造的增量，也要列出具体的意向客户、销售目标和具体策略。这样做出来的年度销售目标是有保障的，避免只是根据企业的大目标简单地往下分解。

📑 案例3-2　以客户为单位编制全年销售目标、制订行动计划

某企业在编制2020年销售目标时，运用兰彻斯特+ABC法则，将现有客户分成九类之后，将Aa、Ab和Ba类客户作为主攻对象强化营销，对于Bb和Bc类客户则顺其自然，将Ac类客户作为重点推进；同时，锁定采购规模大、公司尚未合作的Ax类客户作为新客户开发对象予以重点推进。

基于年度的客户盘点，将现有客户纳入兰彻斯特+ABC法则的九宫图，针对每一个客户进行三年销售业绩回顾、制订可行而有挑战性的销售目标，这个目标力求增长，也不排除有降低的情形，对于增长的客户一定要明确扩大销售的具体对策。

按照公司经营方针，新年度销售额增长要达到30%以上，在现有客户的销售目标基础上，还要制订新客户开发的量化目标，新客户开发的家数和销售额，要满足30%增长率。

他们以客户为单位编制全年12个月的销售目标（见表3-1），再整合编制总的年度销售目标（见表3-2），整体销售目标审定之后，要针对每个客户编制营销行动计划。

表3-1 以客户为单位编制全年12个月的销售目标

单位：万元

客户名称	客户等级	产品	营销活动安排	2020年目标	1月	2月	3月	4月	5月	6月	7月	8月	9月	10月	11月	12月
											销售额					
甲公司	Aa		计划													
			确认													
			计划													
			确认													
			计划													
			确认													
乙公司	Ab		计划													
			确认													
			计划													
			确认													
			计划													
			确认													

客户名称	客户等级	产品	营销活动安排	2020年目标	销售额												
					1月	2月	3月	4月	5月	6月	7月	8月	9月	10月	11月	12月
丙公司	Ac		计划													
			确认													
			计划													
			确认													
丁公司（新客户1）	Ax		计划													
			确认													
合计																

表3-2 以客户为单位编制年度销售目标

单位：万元

客户类别	营销策略	客户等级	客户名称	销售额				增减	扩大销售的具体对策
				2017年	2018年	2019年	2020年		
现有客户	强化营销	Aa	甲公司						4月新产品导入，年销售额500万元
		Ab							
	顺其自然	Ba							
		Bb Bc							
新客户	重点推进	Ac							
		Ax							目标：新年度销售额增长30%以上
合计									

例如，支撑30%销售增长的对策之一，就是针对Aa类客户甲公司，4月导入新产品，5月起实现销售收入，全年增加销售500万元以上。将新产品导入甲公司并不是无中生有，而是根据甲公司新产品开发计划，营销和技术团队提早切入客户获得了合作意向，500万元的出货目标也是根据甲公司新产品销售目标而制订的。企业的年度销售目标只有做到这种翔实程度，才能提高目标的可行性和达成率。

没有针对性的营销行动计划，是保证不了这样的增收目标的，这个时候，公司以逆算营销为指引，从时间上倒推制订针对甲公司的行动计划，具体来说，客户5月上市的新产品，公司的营销活动最迟在1月上旬就要启动，逆算的步骤如图3-4所示。

客户5月上市的新产品，公司的营销行动要什么时候启动？

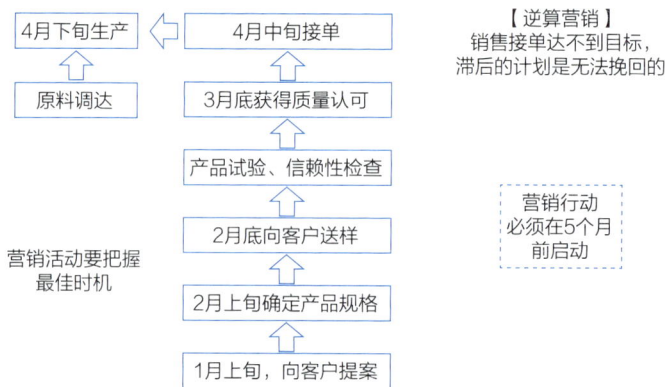

图3-4 用逆算思维制订营销行动计划

客户甲公司5月新产品上市，公司4月下旬就要安排生产出货，为此4月中旬必须从甲公司接到订单，倒推出来，3月底就要获得客户的质量认可；进而2月底必须向甲公司送样，在3月底之前完成产品试验和信赖性（可靠性）检查；只有在1月上旬开始向客户提案，2月上旬确定产品规格，这一切才能成为现实。

一年只有12个月，销售接单达不到目标，滞后的计划是无法挽回的，因为下个月挽回的业绩纳入后一个月，下一年挽回的业绩就不是当年的了。逆算营销的规律，就是营销行动必须在5个月之前启动。

3 从产品维度进行销售管理

一般来说，企业要制订中期发展目标，其中就有产品结构规划。企业应随着技术迭代和产品生命周期的变化，不断淘汰过时的、附加值低的产品，推出技术含量高、利润率高的产品。

在开展B2B业务时，客户的需求来自客户的销售计划和客户的新产品开发计划，企业应匹配客户的生产计划和新产品开发计划，提供有竞争力的配套供应，从产品、产能、交期、质量、价格和服务等方面创造优势，在老客户那里争取更大的采购比率，争取拉来新客户并创造新订单。

在老客户维护和新客户开发的过程中，营销人员从客户那里抓的订单必须是符合公司产品规划的，主推的产品要作为营销工作重点，不主推的产品顺带就好了，要淘汰的产品就不能接单，这样才能实现产品转型和企业转型。

在此基础上，营销人员应从产品维度进行销售目标汇总，看数据结果是否达到整体目标，如果不行就要倒回去对老客户维护和新客户开发目标进行调整。

4 从销量维度进行营销管理

对于B2B业务，销售要获取的是客户采购订单，客户采购的是物料，一般以量的单位来计，客户几乎不会说"我要买200万元的电机"而是说"我要采购40万台电机"，企业基于对客户采购需求（量）的预测制订销量目标，不同产品的销量乘以相应的价格后再累加起来就得到销售收入，如果发现由客户端预测得到的销售收入目标不能满足公司的整体销售收入目标，就要倒回去进行老客户和新客户的销售分析、调整，必要时要改变营销策略，开发更多的新客户实现增量。

从产品和销量维度进行销售管理，才能对接到新产品开发和老产品优化计划，才能链接到公司的产能规划、生产组织、产量和效率管理、缩短交期、提高质量和降低成本等工作。

5 将销量对接到价格

每一笔订单的金额等于销量乘以产品价格，如果一个订单包含多个产品则是累加的结果，这就是客单价——客户下的每一次订单的销售收入。显然，如果订单的产品价格高，客单价就高，执行这个订单得到的销售收入就比低价格产品高，自然销售利润也就更高。

从市场层次来说，高价格就意味着高端市场，低价格意味着低端市场。

虽然说高价格不一定就是高利润率、低价格不一定就是低利润率，但是，就算是相同的利润率，高价格产品的利润额一定会比低价格产品的利润额要高，所以多卖高价产品是营销人员求增量的铁的定律。

案例3-3　三花集团的储液器产品变迁

浙江三花集团制冷配件公司早期是做空调配管的，后来导入空调用储液器，从小型号产品起家，1995年销量最大的一款编号为446的储液器价格是37元，随着市场竞争和客户压价，该编号产品的价格一路下降到2000年时的7元。

三花集团从市场趋势中预见到这种局面，其制冷配件公司及时启动了产品升级计划，开发出大规格的储液器，价格是1000多元，虽然技术开发和制造过程有一定难度，最终还是成功量产。问题是大型储液器主要用在大型冰箱上，这些冰箱主要是欧美发达国家的大别墅当中才用到，而客户是通用电气（GE）这样的顶级电气生产商，三花集团在技术攻关的同时在市场开发商投入了营销资源，最终成功打开了这个非常细分的国际市场，成为通用电气的全球供应商。

之后，三花集团逐步放弃竞争惨烈的空调配件市场，不再接单生产空调用小型储液器，转为生产销售冰箱用大型储液器，客户也从美的、格力等国内大公司转变为通用电气、乐金（LG）等国际大公司，成为全球高端储液器的三大生产厂家之一。

6　对销售金额进行双路径管理

营销管理当中，以客户为对象预测产品及其销量，制订出经过努力应该达到的销量目标，销量乘以价格算出销售收入目标，这是一条路径。

另外一条路径则是，公司确定出新一年度的产品结构：哪些产品主推，哪些产品顺带销售，哪些产品不再接单。营销团队根据这一规划对接到每一个客户，制定相应的营销策略和销量、销售收入目标，这样执行下来的结果，就是公司逐步实现产品结构调整。

7 进行销售的月度推移管理

以天为单位作战、以周为周期管理、每月进行推移分析，看销售收入是否达标，看主推产品是否上量，看市场价格趋势如何，看客户变化和不同营销团队业绩状态，进而进行针对性的调整。

营销管理过程中，不能只是看到这个月销售收入达到目标就万事大吉了，还要确认产品结构是不是符合公司既定的调整方向，如果靠瘦狗产品（衰退类产品）实现销售收入目标，对公司来说不但利润率低，而且将丧失产品竞争力。

三

优化产品结构

实现企业销售收入和利润双增长，最重要的就是要根据市场趋势、环境变化和客户需求变化不断优化产品结构，从而保持产品在市场上的竞争力和盈利能力。产品开发是企业面向市场的营销行为，目的是不断改进老产品、推出新产品，使企业持续满足变化的客户需求，提高企业的竞争力。

根据产品生命周期原理，从起步期、发展期、成熟期到衰退期，一个产品在不同时期的价值是不一样的。起步期的产品如初生的婴儿，有良好的环境就会茁壮成长，这个时期的产品也要不断调整和升级以适应外部环境；发展期的产品犹如青年人，身强体壮、精力充沛、朝气蓬勃，各方面的机能都处于最优状态，具备快速上升的各种条件，这个时期的产品要继续发挥优势，占领市场；成熟期的产品犹如中年人，处于人生巅峰，同时也意味着不会有太大的发展空间，这个时期的产品要尽量扩大收益；衰退期的产品如同老年人，身体机能下降，渐渐退出历史舞台。

1 重视产品结构

如果企业只有一种产品，销售收入就必然随着这一产品的生命周期经历销量起步、快速上升、稳定和衰退这样的起伏，一旦产品被市场淘汰，企业的销售收入就枯竭了。所以，企业必须基于技术迭代开发推出多种产品，当老产品进入成熟期时新产品已经进入发展期，同时更新一代的产品又已经进入起步期了。也就是说，在同一个时期企业既要有大量销售的产品，也要有快速上量的产品，还要有起步期的产品，自然也有衰退期的产品。

客户需求是多元化的，用多种产品满足客户，也是企业提供整体解决方案的重要表现。在价格竞争成为必然的环境中，企业通过全面服务，在产品矩阵、质量、交期、产能配套、快速响应和全面服务等方面提高非价格竞争力，自然有忠实的客户长期合作。

一个企业能够向客户提供完整的产品和服务，这本身就是一种实力，就是竞争力。

2 用波士顿矩阵规划产品结构

根据产品生命周期原理，用波士顿矩阵（BCG，如图3-5所示）进行产品分析和产品规划，按照相对市场占有率的高低和市场增长率的高低，产品可以分为四类：明星产品、现金牛产品、问题产品和瘦狗产品。

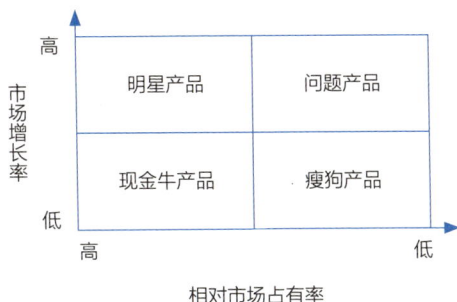

図3-5 波士顿矩阵（BCG）

（1）明星产品 　市场增长率高，产品的相对市场占有率高，这类产品为明星产品。这类产品的市场需求在扩大，在总需求当中企业的占有率高，也就是说，在一个正在兴起的新产品需求当中，企业有比较好的竞争力。

明星产品是受市场欢迎、处于快速上升期的新产品，代表了企业的技术实力和产品竞争力。一般来说，该类产品的价格很高、利润率也很高，销量不是特别大但是上升很快。明星产品代表了市场趋势，要抓住机会、快速上量，尽快提高市场占有率，加强竞争地位。一个没有明星产品的公司属于增长乏力的公司，一个没有明星产品的公司是没有未来的公司。

例如，小米手环、小米运动鞋、小米电子秤、小米盒子等系列产品代表了人们生活方式的变化，运动不再是孤立的，锻炼可以数字化、智能化、可视化，可以更有趣，可以链接他人，智能产品大大提高了人们的生活质量，其潜在用户群体巨大、市场空间无限、销售增长迅速，生产运动器材的企业如果不能及时推出智能穿戴类的明星产品，竞争力就会急剧下降，销售将无以为继。

（2）现金牛产品　市场增长率低，产品的相对市场占有率高，这类产品为现金牛产品。现金牛产品是市场主流产品，也是企业的主打产品，是当前给企业带来主要销售收入和利润的产品。

现金牛产品处于成熟期，需求量大，要抓住机会扩大销量、提高市场占有率，给企业创造现金流，帮企业快速回笼资金，这样企业才有资金投入明星产品开发和市场拓展。

（3）问题产品　市场增长率高，产品的相对市场占有率低，这类产品为问题产品。跟明星产品一样，这类产品的市场需求在扩大，不同的是企业在总需求当中的占有率低，也就是说，在一个正在兴起的新产品需求当中，企业推出的产品问题多多、竞争力不足。

因为问题多，形成不了销量，而且有很多失败成本和市场风险，因此要进行产品改善。问题产品如果改造得好，可以成功转为明星产品；改造得不好，则直接退出市场。

（4）瘦狗产品　市场增长率低，产品的相对市场占有率也低，这类产品为瘦狗产品。也就是说，瘦狗产品的市场需求是在衰退的，但是客户仍然有需要。之所以叫"瘦狗"，就是表达"食之无肉、弃之可惜"的意思。做没多少利润，不做又满足不了客户，只有将就着做，但要通过彻底降低成本把利润压榨出来。

瘦狗产品最终是要退出市场的，企业要及时判断，在恰当的时候果断停止接单，用其他产品满足客户，这需要对客户进行引导。很多企业产品型号太多，不舍得进行清理，结果是大量瘦狗产品占据了销量和产能，销售收入不高、生产效率不高、利润不高，自然经营业绩就不好。

　　一般来说，明星产品的净利润率要超过20%，有的甚至高达40%以上，因为销量不大，利润总额不如现金牛产品但增长很快，对企业发展很重要。现金牛产品的净利润率通常是12%～15%，因为销量大，创造的利润总额很高，对企业生存很重要。瘦狗产品的净利润率一般在4%～6%，做得不好可能不赚钱甚至轻微亏损，不做又不行，因为客户还有需要。如果低于上述净利润率水平，企业就要分析改善，否则就很难保证整体净利润率达到10%的目标，企业经营不佳。

　　今天的明星产品就是明天的现金牛产品，今天的现金牛产品未来将变成瘦狗产品。企业的产品开发能力强，面对新的市场机会推出的新产品受到欢迎，就成为明星产品；如果产品开发能力低，推出的新产品是问题产品，不但要将其改造为明星产品，还要改革产品开发体制。

　　用波士顿矩阵判断企业当前的产品结构和产品竞争力，可以很快识别问题；用波士顿矩阵规划未来的产品结构，可以思路清晰、有的放矢。一定要对照当前的市场趋势，判断市场选择的技术方向，确保企业随市场变化稳步迈向未来。

　　没有合理的产品结构，既不能很好地满足客户，也不能形成市场竞争力。企业要用波士顿矩阵定期地回顾和规划产品结构，让营销队伍在抢占市场时有强力的武器，这样的模式也要标准化。

3 用九宫图规划和推进产品开发

为了强化面向市场的产品矩阵，用丰富的产品形成整体解决方案的能力，全面满足客户的需求，企业每年都要开发推出新产品、改进老产品，此时可以用产品开发九宫图规划和推进这项工作。

根据产品对市场的新颖程度（低、中、高）和对企业自身的新颖程度（低、中、高），利用产品开发九宫图（图3-6），企业每年的产品开发计划应该覆盖六大类：降低成本型产品、重新定位型产品、改进型产品、补充型产品、新品种型产品和全新型产品。

图3-6　产品开发九宫图

（1）降低成本型产品　这类产品通常比较大众、同质化，很难通过差异化提高利润，销量也许大也许不大，但市场需求是常态化的，只有通过降低成本，用相对低的价格才能获得订单，也只有通过降低成本才能维持合理的利润，做到人有我有我利高。

（2）重新定位型产品　这类产品对市场的新颖程度中等、对企业的新颖程度低，也就是企业已经生产、销售到一定程度，产品技术和制造技术比较成熟，还存在一定的市场新鲜度，为了提高企业特色、创造新的市场热点和产品销量，企业需要进行二次市场定位，巩固产品竞争力，做到人有我有我特色。

（3）改进型产品　这类产品对市场的新颖程度低、对企业的新颖程度中等，也就是市场早就熟悉的产品。产品经企业开发并推出后还有不足之处，改进之后创造亮点才能使产品更受欢迎，做到人有我优。

按说市场已经不新鲜的产品企业是不需要推出的，因为客户的要求、配套的需要，企业不熟悉也得导入，通过对市场成熟产品的改进和创新，努力使传统产品重新焕发活力。

很多时候企业瞧不上低端市场、低端产品，为了全面覆盖客户需求，对市场熟悉的产品进行降成本、改技术，这样才能更好地提高客户满意度。

（4）补充型产品　这类产品对市场的新颖程度中等、对企业的新颖程度也是中等，人家有、我们没有，必须导入进来，纳入产品矩阵，做到人有我也有。补充型产品使企业的产品矩阵更完整。

（5）新品种型产品　这类产品对市场的新颖程度低、对企业的新颖程度高，也就是市场已经很成熟的产品，企业完全没有涉足，作为新的品种纳入产品矩阵。

企业投入资源开发市场早就有的产品，从单品的角度考虑其意义似乎存疑，但是企业是从不同应用场景的角度规划产品矩阵的，结合拳头产品、特色产品来看待新品种型产品的导入有特别的价值，这也是我们经常看到一些企业进入传统领域的原因，有的时候这是战略性的选择。

（6）全新型产品　这类产品对市场的新颖程度高、对企业的新颖程度也高。企业通过对市场和目标客户群体的研究，发现或感知某个新的潜在需求，通过技术创新和产品创新去开发一款市场空白的产品，这是完全创新的产品，也是开拓企业未来的产品。

📄 **案例3-4　先尼科化工（上海）有限公司专注于红**

先尼科化工（上海）有限公司的产品是有机颜料，它的应用领域有两类，塑料用颜料和油墨与涂料用颜料。塑料用颜料广泛用于有高耐候要求的户外塑料制品、加工使用过程中有高耐温要求的塑料制品和需要与食品直接接触的塑料包装制品中。油墨与涂料用颜料适用于溶剂型、水性等油墨体系，广泛用于高耐光及高耐候要求的木纹纸装饰油墨、户外广告喷墨与食品接触的包装油墨、纸张油墨等行业。可以用在液晶的三原色上，也可以用在农夫山泉的红色瓶盖上还可以用在法拉利车身红油漆上，三种产品上的颜料没有太大的变化。其中有一款产品叫"红254"，从2003年开始将此产品投放市场后，这个颜料都没有什么大的变化，并且在全球市场的占有率有了足够的份额，现在还掌握了全球"红254"的定价权。该类型产品对研发技术的依赖性较高，竞争的门槛也比较高，一般的企业很难迈入这个行业，所以产品的生命周期比较长。

产品种类和型号数量太少，满足不了客户需求，容易错失市场机会；太多，又可能降低企业效率。因此，产品种类和型号数量要根据企业的发展阶段、营业收入规模、生产能力、客户群体和营销实力等进行阶段性的调整，增加和减少、全面覆盖和聚焦需求都是可能的、有效的选择。

所谓的优化产品结构，就是用强力的现金牛产品确保企业有活儿干、有饭吃、有钱花、有利分，用明星产品开拓未来，用瘦狗产品维护客户。

产品开发九宫图是一个很好的管理工具，可以一目了然地看清楚企业一年甚至三年的产品开发计划，避免一叶障目、不见全貌。尤其是把波士顿矩阵和产品开发九宫图对接起来，用"产品矩阵"的思维进行产品结构的规划，更能发挥出"拳头"的力量和"组合拳"的攻击力。

存量拓展

目标管理要标准化，要在以客户为对象、以产品为载体的基础上，建立将目标分解为存量拓展和增量拓展的路径（图3-7），将营销工作指引到以客户为中心展开。

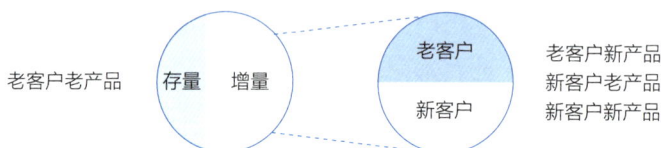

图3-7　存量和增量

所谓存量，就是既有的正在持续发生的市场销售，也就是企业将现有产品销售给现有客户，这些业务跨越年度界限持续发生，通过客户关系维护，只要客户满意就会持续下单给企业。

所谓增量，就是要在现有销售的基础上，将新产品销售给客户创造销售增长，或者开发新的客户，将老产品或新产品销售给新客户获得的销售增长。

1 做好每一个订单的交付

存量拓展说白了就是将老产品更多地销售给老客户，换一个角度看，就是让客户将现有物料（对供应商来说就是产品）更多的采购订单（对于供应商来说就是销售订单）下给企业，要做到这一点，企业就需要自身努力提高在客户端的优先地位，这样才能获得更多的采购份额。

对于B2B业务，客户都会选择多家供应商采购，除非是像英特尔（Intel）芯片这样的瓶颈类物料只有独家供应，一般来说，各类物料采购客户至少要保证有两家或三家供应商，一是保证稳定的供应，二是确保供应商之间有适度的竞争，避免被独家供应商在价格、供货和服务等方面制约。

管理成熟度高的客户对供应商都会进行常态化的绩效管理，看每一单的交货有没有达到各方面要求，比如有没有延迟交货，延迟交货有没有造成停产事故，质量是否合格，有没有个别质量缺陷，有没有批量质量事故，因为供应商质量问题造成的内部失败成本和外部失败成本是多少，出现问题后的反应速度快不快、服务好不好等。这些由各个相关职能部门逐单考核、每月统计、每月打分公布，按季度、半年和一年分别进行供应商业绩评比。

每一次交付结果的评价都是客户满意度的反映，出现问题客户会有应对机制，严重的问题客户会对供应商做出全数检查、退货、换货、赔偿、处罚甚至暂停供应资格、取消供应资格等处理；客户会将每个月的供应商评分进行排名、公布，通报供应商业绩的好坏，进行嘉奖、提出整改要求；根据年度综合评价进行评比、奖励，确定下一年度的合作关系，包括采购订单比率、价格、付款条件、支持措施及是否纳入联合开发合作方等。

2 要成为客户的优秀供应商

企业要扩大现有产品对现有客户的销售，就要在环境、职业健康安全管理体系（EHS，也叫大S）、技术（T）、质量（Q）、成本（C）、交期（D）、服务（S）、特殊要求（S′）和价格（P）等方面创造优秀的供应绩效，要拿到客户的年度供应商大奖，尽量拿到冠军、亚军或季军（优秀供应商），拿不到也要努力拿到单向冠军（快速交货优秀供应商、优秀质量供应商、降成本作战优秀合作供应商、优质服务供应商等），最终，企业要努力成为客户的战略合作伙伴，将采购订单率提高，例如从20%提高到40%、再从40%提高到50%以上，尽量成为相应供应领域的第一大供应商。

存量拓展就是要提高老产品在老客户端的采购订单比率，本质上是通过一单又一单的交货，提高客户满意度，巩固客户关系，不断提高本企业在客户端采购的优先地位。

增量拓展

对于B2B业务，销售的可预测性还是比较高的，除了老客户老产品的订单要增加，还要在老客户那里获得新产品订单，还可以将老产品销售给新客户，还可以在新客户那里获得新产品订单。企业可从这三个方面拓展销售增量。

1 在老客户那里获得新产品订单

有两种情形可以从老客户那里获得新产品订单。第一种是老客户一直在采购的物料（对于供应商来说是产品）并没有在原企业下单，通过努力争取让客户下采购订单，这个时候对企业来说是新产品，如果这个产品企业也没有向其他客户供应，就要立即进行新产品开发，如果这个产品是现成的则不需要重新开发，只要做客户化就可以了。

第二种就是客户在开发新产品的时候，带出了新物料开发的需求，这个时候，企业要尽早获取信息，第一时间争取到与客户联合开发、送样的机会，也就是在客户的新产品企划阶段就参与其中，这样可以在技术规格、质量保证和量产准备等方面创造先发优势，拉高同行竞争的门槛。

开发一个新客户的成本是留住一个老客户成本的若干倍，老客户是企业每天有饭吃的根本，一定要服务好老客户、留住老客户、感动老客户，这是有效的低成本营销。过往合作中已经建立起来了客户信任，只要新产品对客户有价值，就可以快速切入。企业要避免这边对老客户的抱怨不闻不问，那边又在开发新客户，结果是老客户不断流失，对新客户开发不力。

案例3-5　橡果美健：不断向老客户提出新的产品方案，驱动公司持续发展

橡果美健是广州一家研发、生产和销售健康食品的公司，创业之初主要是面向品牌企业提供减肥代餐食品的贴牌生产（OEM），随着社会进步，中国市场容量在不断扩大，橡果美健洞察到越来越多的消费者需求，于是向老客户提出一个又一个的产品创意，这些建议被老客户采纳自然就成为一个又一个的新产品，订单随之而来，很多新客户慕名而来，不知不觉中橡果美健进入研发定制模式（原始设计制造商，缩写为ODM），陆续推出了瘦身、美白、润肠通便、改善睡眠等六大类产品，产品系列覆盖到目标消费群体的各种生活场景，为众多品牌客户持续创造市场热点和营销增量，老客户群体逐步壮大，橡果美健成为国内健康食品领域的前三大综合性企业之一。

2017年，橡果美健确立了"美丽健康"和"新生活方式提供者"的事业概念，以帮助人们提高生命质量、享受幸福里程为经营宗旨，以引领时尚的食·饮·生活为使命，希望用十年左右的时间

把橡果美健打造为全球美健行业的领军企业，使橡果美健进入文化引领发展的新阶段。

2020年，橡果美健着手制订第一个五年计划，决定在健康食品做强做大的基础上，进军中老年保健品、特殊用化妆品、母婴用品、特殊医学用途配方食品（特医）和特殊配方专门加工食品（特膳），产品系列升级为产品矩阵，将"打造全球美健行业的领军企业"落实到中期发展目标，橡果美健进入了文化引领、战略驱动的新阶段。

找到好的客户，跟他们做百年生意，这就是存量拓展，因为客户是发展的。好的客户有两类：第一类是行业标杆，第二类是新锐明星企业。对于B2B业务，企业的价值在于帮助客户创造价值、实现发展，作为回报，企业自身得到订单、利润和发展。

日本产业界供应链上的大多数企业都是这种共同繁荣、共同发展的合作关系，形成几十年如一日的捆绑式成长方式，共同开发产品，共同切入新市场，共同迈向全球。

2 开发新客户，在新客户那里获得老产品订单

开发新客户是营销人员永远不能停止的工作，"躺在老客户身上睡大觉"一定有风险，因为停止新客户开发就意味着衰退。

开发新客户的时候，如果发现客户的采购需求用企业现有的产品就能满足，只要做一些客户化的产品细节调整，就可以匹配客户的产品需要，这种情况下，新客户开发的周期就会比较短，却可以很快创造销售增量。

所谓的客户化，就是产品的功能、性能都能满足要求，企业只需要根据客户要求在外观、包装、安装方式、铭牌标识和其他方面进行改变，匹配客户的产品需要，在产品开发领域属于D级设计，即不做技术变更的应用性工作。

📑 案例3-6　利元亨：开发客户一定要找"大家闺秀"

广东惠州有家企业叫利元亨，2014年成立，主要产品是客户关系管理（CRM）、企业资源计划（ERP）等软件，客户是日本爱信精机，2016年开始增加硬件，为海外客户提供软硬件一体化服务。

2017年利元亨与加拿大某汽车公司合作，导入动力电池电芯装配等业务；2018年将汽车车身结构件智能装备线出口德国，与西门子建立合作关系；2019年在锂电池电芯装配、电池检测段核心装备方面与宁德时代等客户合作。

"开发客户一定要找'大家闺秀'"，坚定技术为先、构建技术壁垒、内部管理精细化的稳健发展战略，利元亨坚持锁定行业前五名的优质客户市场开发战略，致力成为全球一流的工厂自动化整体方案供应商。

3 开发新客户，在新客户那里获得新产品订单

如果客户的采购需求是企业没有做过的产品，企业就要启动新产品开发，尽早争取到送样的机会，最好是在客户新产品企划阶段就参与技术研讨、送样，进行技术匹配试验，虽然这种情形的客户开发周期比较长，在更高的技术层面切入新客户，但是这

样奠定的合作可能性更高，当然，这也正是考验企业的技术实力的时候。

创立于1993年的深圳格雷特电子科技有限公司（以下简称"格雷特"）生产精密钣金结构件，2002年格雷特接触到一家创业型的公司——深圳英威腾，是做电气传动和工业控制的，也想进入新能源领域，格雷特领导人意识到这是一家非常有前景的公司，于是尽全力跟英威腾配套，双方达成了战略合作的高层共识。

2010年，英威腾在深交所A股上市，在技术和资本驱动下快速发展，成为国家火炬计划重点高新技术企业，到2020年，英威腾拥有16家控股子公司，员工有3000多人，有海外分支机构8家、大型生产基地4个，业务遍布海外60多个国家和地区。

格雷特跟着英威腾，在产品和服务上联合开发，在钣金结构件领域支持英威腾，在无锡设立了第二工厂，自身获得了快速发展。

结识新朋友，不忘老朋友；留住老客户，开发新客户。

目标管理标准化要建立一套将经营目标有效地分解落地的路径，这个结构是标准化的，只要整体目标和结构要求一确定，就可以快速落实到对老客户维护求增量的数字目标和具体要求，以及开发新客户的求增量的数字目标和具体要求上，营销团队可以据此展开营销作战，拉动产品开发和生产交付，以提高客户满意度、拿供应商大奖、建立战略性合作为目标，聚焦客户展开一体化作战。

第四章

业务开发标准化

在人们的传统意识当中，销售完全依赖的是个人能力，虽然有或多或少的文件支持业务人员的工作，具备完整营销标准化体系的企业还是少数。

业务开发就是开发业务，主体内容包括存量拓展和增量拓展，其本质是开发客户资源和激活客户资源，通过贡献于客户发展获得企业自身的成长。客户是企业的重要资源之一，陈春花教授说过："淘汰企业的不是竞争对手，而是客户。"

业务开发的本质是创造和留住客户，业务开发的过程就是大客户服务和新客户开发的过程。新客户开发要从多元获客开始，通过营销活动接触客户、创造信任、获取线索、攫取商机，通过提供方案和商务洽谈，获取第一个订单，完成大客户开发，如图4-1所示。几乎所有B2B企业，为了提高营销效率，都希望与客户成交量大、业务可持续，所以新客户开发要以大客户开发为定位、用项目管理的方式加快行动节奏、缩短开发周期。

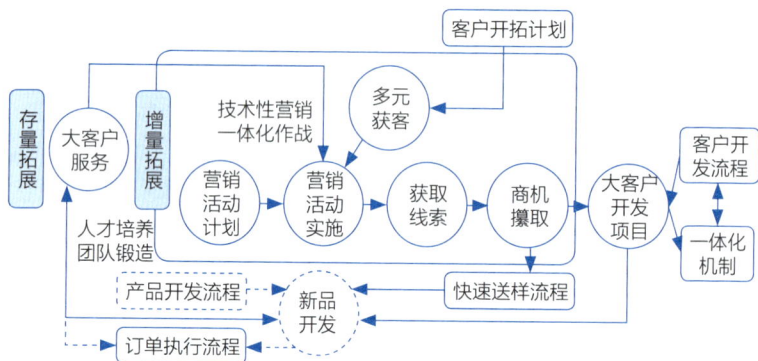

图4-1　业务开发过程

所以，业务开发标准化包括以下内容：

1）大客户服务的标准化。

2）营销活动的标准化。

3）客户开发流程的标准化。

4）大客户开发项目的标准化。

5）快速送样流程的标准化。

6）建立一体化的客户开发机制。

配合业务开发的需要，产品开发流程和订单执行流程也要标准化，见表4-1。

表4-1 业务开发标准

序号	项目	内容	工具包	输出
1	大客户服务	客户满意度要素分析 编制联合开发与客户关系建设计划	狩野（KANO）曲线	• 未来三年客户关系建设计划 • 客户满意度改善课题
2	多元获客	设计通向客户的多维路径	客户接触点设计	• 定向传播和客户开发渠道建设方案
3	营销活动计划	策划技术性营销活动，拉动引流和客户接触，激发线索和商机： • 如何规划系列营销活动 • 如何策划某次具体的营销活动	营销活动策划模型	• 年度营销活动计划
4	营销活动实施	以某次具体的营销活动为载体，全面掌握营销活动的实施方法		• 营销活动实施流程
5	获取线索	在营销活动的前、中、后与客户有效互动，获取客户需求信息		• 客户需求（线索）管理表

序号	项目	内容	工具包	输出
6	商机攫取	抓住客户需求，将之有效转化成业务机会，纳入大客户开发项目或大客户服务项目		• 客户需求项目管理表
7	新品开发	新产品开发机制，支持新客户开发		
8	大客户开发项目管理	以正在开发的某个大客户为案例载体，构建销、研、产一体化作战的大客户开发项目机制： • 如何组建项目小组 • 如何有效设计大客户开发流程 • 如何有效推进大客户开发	• B2B客户开发镜面原理 • 切入机会分析 • 采购决策标准分析 • B2B采购决策模型（满意解决、最优化） • 采购决策单元分析 • 营销作战单元分析	• 大客户开发项目小组 • 大客户开发流程 • 销、研、产一体化项目机制

在B2B业务开发过程中，将用到九大工具，创造十大输出。九大工具分别是：

1）狩野（KANO）曲线。

2）客户接触点设计。

3）营销活动策划模型。

4）B2B客户开发镜面原理。

5）切入机会分析。

6）采购决策标准分析。

7）B2B采购决策模型：满意解决模型、最优化决策模型。

8）采购决策单元分析。

9）营销作战单元分析。

业务开发要创造的十大输出分别是：

1）未来三年客户关系建设计划。

2）客户满意度改善课题。

3）定向传播和客户开发渠道建设方案。

4）年度营销活动计划。

5）营销活动实施流程。

6）客户需求（线索）管理表。

7）客户需求项目管理表。

8）大客户开发项目小组。

9）大客户开发流程。

10）销、研、产一体化项目机制。

业务开发是载体，客户开发是本质，从业务开发的目标出发，得到客户资源（数量和质量）的增加，持续的销售业绩又恰恰是这一过程的结果（输出），这就是营销的妙处，因为只要客户关系建设和维护得好，一个客户的生命周期短则几年，长则几十年，甚至在日本企业当中，合作一百多年、共同迈向全球的案例也比比皆是。

大客户服务的标准化

企业都知道客户满意很重要，把提高客户满意度当作管理目标、工作内容才是关键。这里说的客户服务，是指针对现在的正式客户开展的系统性的互动、支持和业务参与，是帮助客户创造价值、额外增值和实现心理满足感的企业活动。

客户服务并不是务虚的工作而是务实的工作，客户服务决定的客户满意度直接影响客户关系，最直接决定着订单的数量和质量，进而决定了客户跟企业持续合作的意愿乃至决定。

案例4-1　一封客户投诉信

某一天，某公司营销总监梁小姐一上班，就收到客户采购经理发来的投诉信，内容如下：

"近期贵公司对敝公司的需求报价不积极，最近这段时间已经出现三次既不报价也不反馈的情形：第一次我电话催，再次发需求才报价；第二次同样电话催，告知无法报价，要求邮件回复，但没有下文；第三次邮件发出，到规定时间内也没有回复。

"基于以上情况，请邮件回复。同时，最近三个月的采购业务，暂不考虑贵公司。"

营销总监非常震惊，这个客户是十年前她和老板过五关斩六将，经几轮对决才拿下的日本企业，十年来每年都有一定量的业务，虽然没有大客户的标准，细水长流年年有是常态，重要的是这是一家行业标杆企业，跟他们保持持续的合作关系，有良好的品牌效应，那个时候是梁小姐才做营销的第二年。

对于B2B业务，客户开发都需要一定的周期，短则两三个月，长则两三年，一般都要半年以上。谁都知道开发一个新客户的成本是留住一个老客户的若干倍，一个老客户贡献的利润是新客户的十多倍，现实当中却屡屡出现费力开发新客户、不断丢失老客户的情形。

梁总监顿时感觉到自己也踩坑了：三年前升职后重心放在大客户开发，把这个客户交给部下跟进，去年部下辞职了，第二个接手的同事不上心，在你来我往的客户互动中失去了热情，客户早就不满意了，自己却毫无察觉。

这封投诉邮件惊出了老营销人梁小姐一身冷汗。她突然意识到，客户服务的本质并不是事务化地你来我往，也不是公事公办地响应客户需求，而是要对每一个客户进行清晰的合作关系定位，基于定位进行积极的、建设性的客户互动和业务响应。这样的意识和状态在新客户开发的时候自己是有的，转手两次客户专员之后不知不觉间就丢失了，可见基于个人行为的客户维护是不持续的，标准化、机制化才能变成组织行为。

怎么办？梁总监沉思片刻，眉头渐展。虽然给客户的采购经理打了电话、回了邮件，按照过去在日本松下公司工作的经验，公函道歉、登门谢罪是必须尽快要做、无可替代的，接下来要做的事情还有很多。

客户服务的目的是建设稳固的客户关系，实现共同发展。拓展存量业务和增量业务是客户服务的结果，是客户关系建设的评价。所以，客户服务的标准化主要从创造客户满意和建设客户关系两大部分着手：为了创造客户满意、不断提高客户满意度，企业要进行客户满意度要素分析，消除不满意且创造迷人品质，不断提高综合竞争力；为了建设良好的客户关系，需要清晰地定位跟每一位客户的合作关系，继而进行高层关系建设，建立相应的技术合作机制，如图4-2所示。

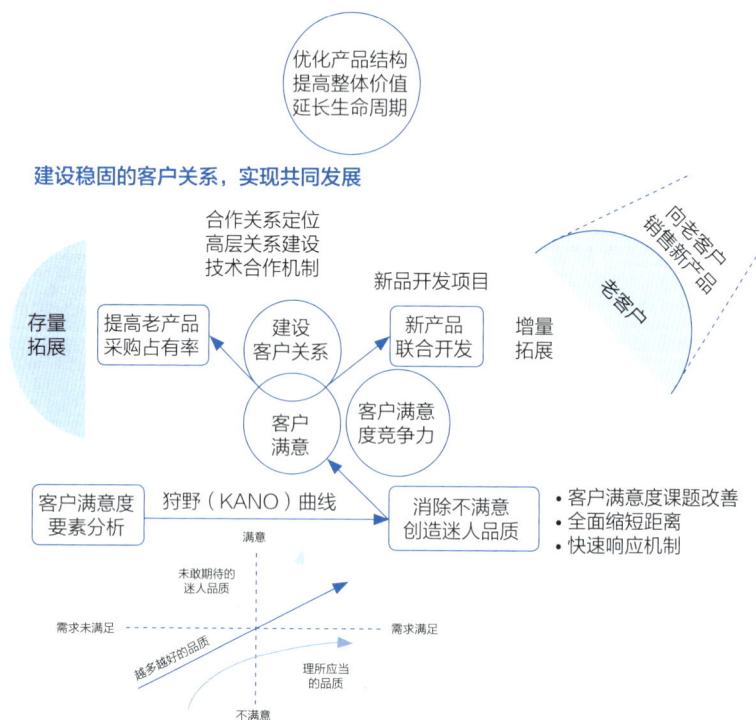

图4-2　创造客户满意和建设客户关系

这样的结果就是提高老产品在客户端的采购占有率，同时企业参与客户的新业务、新产品开发，从老客户处获得新业务、新产品。

1 常态化地管理客户满意度，持续提高客户满意度

客户满意度并不是虚无缥缈而是实实在在的指标。企业一定要把它当作营销工作的重要方面予以落实，日本企业甚至把它放在经营策略层面。

客户满意度是通过一次又一次的履约、一单又一单的交付、一次又一次的互动积累下来的，客户端的采购、计划、物流、生产、质量管理、营销甚至售后服务等各个部门，对于一个供应商的满意度都有自己的体验和评价，综合在一起就是客户的整体满意度，它是一个动态的、随时在变化的感知，有的时候，一个关键事件就可能改变整体满意度，这也是做企业"战战兢兢、如履薄冰"的地方。

虽然如此，客户满意度仍然是可以衡量也必须衡量的，在营销工作中，客户满意度是高层管理的重要工作，每月跟进客户满意度的数据、定期进行客户满意度的整体评价，尤其是通过与同行业竞争对手的比较，发现企业自身的不足，推动以提高客户满意度为目标的业务改善，这是营销人员的重大使命——培养企业的粉丝群体。

每月跟进客户满意度的数据是指确认本企业在客户端每个月的供应商评价结果。成熟的企业都有相对成形的供应商评价体

系，每一次订单的交付结果就是批次履约业绩，每个月综合在一起就是月度交付业绩，根据月度、季度进行供应商排名，半年下来进行半年评价，一年下来进行年度评价，根据年度评价或半年评价调整供应商的采购订单比率，根据年度评价调整合作关系。

也就是说，客户常态化地对供应商评价的结果，就是企业阶段性的客户满意度最直接的评价，虽然不尽完全，但确实是在台面上能拿出来说明的综合结果。所以，营销部门一定要常态化地跟进每个客户的供应商评价，重视当中的关键信息，尤其是隐含在当中的关键事件和客户不满意的信息。

除此之外，企业还要定期进行客户满意度调查，获取非数据化的信息，补充客户对供应商评价中不足的部分，这样才可以更完整而真实地把握客户对企业真正意义上的满意度。

📄 案例4-2　广州松下压缩机2019年的客户满意度整体评价

广州松下压缩机从1994年创立之初就开始进行系统的客户满意度管理，该企业由客户从销售服务、技术服务和质量服务三大模块对六个项目进行打分评价，分别是价格、交期、产品性能、技术交流、质量水平和质量交流，每一项打分要通过客户端的三家供应商横向对比确定分值，并列出具体的满意点和不满意点。

2019年，广州松下压缩机的满意度评价见表4-2。如果将三大竞争对手的数据表现出来，用雷达图就可以非常直观地看出自己的优劣势，如图4-3所示。

表4-2 广州松下压缩机满意度评价表

模块	项目	评价	具体意见
销售服务	价格	3.2	比其他公司贵（相同意见很多）
	交期	4.1	附件交货有问题，需要更多销售信息
技术服务	产品性能	4.2	K系列性能、噪声要改善（3个部门意见相同）
	技术交流	3.0	要求有更多的交流（4个部门意见相同）
质量服务	质量水平	4.4	—
	质量交流	3.0	交流不足（5个部门意见相同），要求快速对应
综合		3.65	

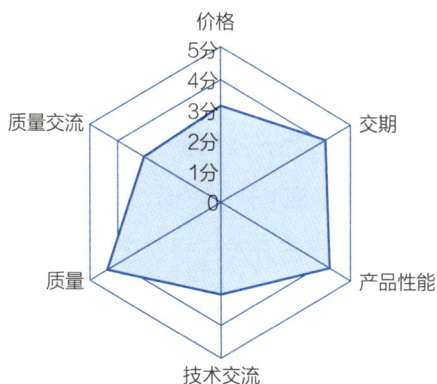

图4-3 满意度评价优劣势分析

实际上，这个满意度评价背后有非常完整的标准化体系，从结果上来看，满分为5分，综合得分才3.65分，似乎客户满意度并不高，按百分制计算才73分，真正来说，客户满意度是相对的，不是相对于5分制的非常满意，而是相对于同一类物料供应商的横向比较，结果是：另外三家同行的得分都比该公司低，该公司在客户端的满意度是最高的。

但是，这并没有给该公司带来最大的销售量，主要的原因是：由于松下压缩机一直比同行贵10%～15%，虽然该公司的产品性能和质量水平是最高的，国内空调厂家给到该公司的下单比率基本上都是第二名，一般都在40%左右。即便如此，松下压缩机也没有采用降价的方法提高销量，而是持续改善、提高非价格竞争力，2013年的客户满意度综合得分是4.44。

2 以狩野（KANO）曲线为指引，提高客户满意度

KANO曲线也叫狩野曲线，是由日本东京理工大学教授狩野纪昭（Noriaki Kano）发明的对客户需求分类和优先排序的工具。狩野曲线是制订产品开发目标、客户开发和客户服务目标非常有效的策略性工具，如图4-4所示。

不论是产品开发、客户开发还是客户服务，都可从理所应当的品质、越多越好的品质和未敢期待的迷人品质三方面进行目标设定。理所应当的品质是必须完全做到的，没做到则客户会不满

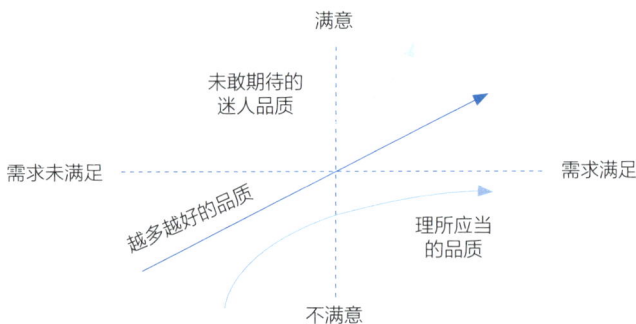

图4-4 狩野曲线

意，做到了则客户不会不满意；越多越好的品质是指没做到则客户会不满意，做到了则客户会很满意，而且越多越好；未敢期待的迷人品质是客户之前没想过却意外得到了，完全超出客户期待，令客户惊喜甚至尖叫。

美资企业艾默生（深圳）公司为美资企业上海通用汽车（GM）公司配套生产线束等产品，它专挑数量少、交期急、多品种的订单，以快速交货为最大特色，创造了持续高水平的客户满意度，成为上海通用汽车公司的战略合作伙伴，当然他们的价格也是同行当中最高的。接急单、快单、小单成为艾默生（深圳）公司的标签，极速交货和单件交货创造了未敢期待的迷人品质，造就这一能力的是该公司数十年持续推进的细胞式生产模式（Cell Manufacturing）。客户一碰到急单、快单或者小单，下意识地就会派给艾默生（深圳）公司，慢慢地，相当一部分大单也给他们，艾默生（深圳）公司在过去二十年获得了很大的发展，利润率一直在20%左右。

案例4-3　日本富士电子工业创造客户高满意度

1960年创立的富士电子工业株式会社的隐形冠军产品包含各种淬火加工设备。淬火加工属于传统工艺，淬火之后达到相应的物理性能，这属于理所应当的品质。如果在生产中能保证加工的生产节拍与大生产线的平衡，就是越多越好的品质。富士电子工业株式会社通过局部高频淬火技术，不但能完全达到上述两个目标，同时最大限度地减少了淬火的能耗，将生产设备小型化，用最小的物理空间嵌入大生产线，这也是"越多越好的品质"。2018年，富士电子工业株式会社开发出淬火机器人，将高难度的局部淬火技术融入智能化制造系统，为客户创造出一个个迷人的品质。

独特的客户体验、超高让渡价值和高度的可靠性是日本隐形冠军企业在新产品开发时普遍追求的目标，在越多越好的品质和迷人品质之间选一个，深度钻研、持续打磨，迈向极致完美的水平，日本隐形冠军是其中做得最出色的那一群。

在B2B业务中，把决定客户满意度的主要要素，针对每一个老客户维护、新客户开发的情形放狩野曲线当中，站在客户的角度理解他们的期待，理解客户的决策标准，就很容易确定企业的服务策略或客户开发策略，狩野曲线的魅力就在于此。

3 大客户服务的标准化

开发一个客户不容易，从提高营销效率的角度看，第一单成交叫"切入客户"，切入之后要想办法增加客户的下单量、下单品种，获取高价值订单，提高销售额。也就是说，企业只有把新客户快速培养为企业的大客户，才能使经营效益最大化。

由客户服务到大客户服务，就是要强调全员的大客户意识，大客户开发、大客户服务要成为集体意识和团队行动。强调大客户意识更能使"目标客户"和"客户画像"等营销工具成为思考习惯和行动习惯。

如何推进大客户服务的标准化？可参考图4-5。

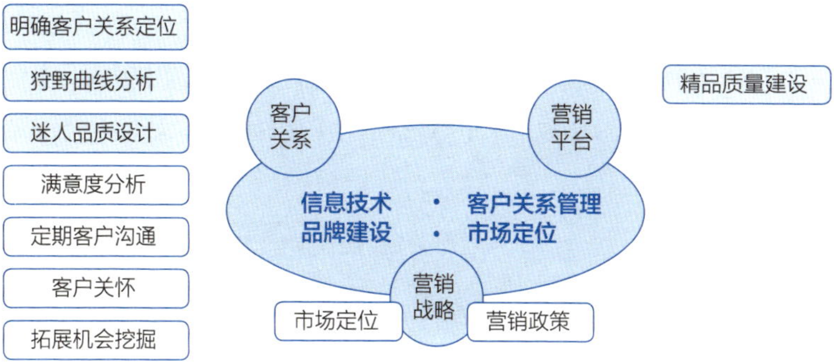

| 明确客户关系定位 |
| 狩野曲线分析 |
| 迷人品质设计 |
| 满意度分析 |
| 定期客户沟通 |
| 客户关怀 |
| 拓展机会挖掘 |

精品质量建设

客户关系　　营销平台

信息技术・客户关系管理
品牌建设・市场定位

营销战略

市场定位　　营销政策

图4-5　推进大客户服务标准化

（1）精品质量建设　精品质量是建立良好客户关系的基石，客户服务首先要抓质量提升，以精品质量、世界级质量为目标，一年一台阶、三年卖档次，在质量的符合性、一致性、稳定性和可靠性四大方面持续创造卓越实践和优秀业绩，这就可以为客户关系建设提供极其有利的前提条件。

这里说的精品质量，包括产品质量、工作质量，还包括流程质量、服务质量和经营质量。

（2）明确客户关系定位　对于每一个客户，企业都要明确地界定当前阶段的合作关系定位。是战略性客户、重点客户，还是合作客户？我们要与这个客户达到什么样的合作紧密度？根据目标制订未来三年客户关系的建设计划。

应该强调的是，企业要想从某个客户那里获得年度大额订单、高质量订单还要长期合作，就必须提升跟客户的合作层面，必须与客户建立更高层面的合作关系，甚至进入互持股份、联合开发等战略性合作层面，没有哪一个大客户是可以靠业务员的个人能力做到长期合作的。

（3）狩野曲线分析　梳理出目标客户群体追求的理所应当的品质、越多越好的品质，以及企业可以创造的令客户未敢期待的迷人品质。

（4）迷人品质设计　每一个客户的情况都有其独特性，针对每个客户进行迷人品质设计，做到"一客一策"。这个"策"是指策略。

（5）满意度分析　企业应以提高客户满意度为目标进行课题改善。

📝 **案例4-4　某企业未来三年客户关系建设计划**

某企业未来三年客户关系建设计划见表4-3。

表4-3　某企业未来三年客户关系建设计划

_____年至_____年

合作层次	客户名称	客户关系建设目标	重大举措	资源需求	主管领导
战略合作					
紧密合作					
正式合作 （业务切入）					

案例 4-5 某企业提升客户满意度战略课题

某企业提升客户满意度战略课题见表4-4。

表4-4 某企业提升客户满意度战略课题

满意度要素		课题名称	课题定义	战略目标	资源需求	主管领导
S-EHS	安全环保					
	职业健康					
	技术法规					
T	新概念					
	新功能					
	高性能					
	技术组织力					
Q	市场质量					
	质量失败成本					
C	价格策略					
	巨幅降本					
	非价格竞争力					
D	交货周期					
	紧急交货周期					
	打样周期					
	紧急打样周期					
S	全面解决方案					
	精品服务					

（6）**定期客户沟通**　不走不亲、越走越亲，除了订单往来、业务交流，企业与客户之间要建立常态化的客户沟通——领导层之间互访、中高层之间的团队互动、工作窗口之间的务虚交流，把组织之间的互动机制化。

（7）**客户关怀**　定期进行客户沟通是组织之间的团队互动。客户关怀针对的是客户端的员工，他们是组织的化身，是活生生的有感情、有思想、食人间烟火的个体，客户关怀就是要情利结合、情利平衡，情是给客户端的员工的，利是企业给客户组织创造的价值，只有这样，业务才会持久。

在客户端，采购决策单元的五大角色包括采购的倡导者、决策者、执行者、使用者和影响者，客户关怀不能限于一两个角色，也不能只是企业的一两个干部出面，更不能公事公办，企业的营销作战单元全面对口客户的采购决策单元，润物细无声地对每一个客户进行客户关怀，表达企业对客户组织和客户员工个人的感谢之心、接纳、爱和真诚，体现企业的人文关怀、有情有义，以情动人、以诚感人，在团队之间的个人关系层面建设良好的客户关系，这是一种民间的真挚友谊。实际上，人在社会上的大多数人脉就是通过共事和业务合作建立起来的。

（8）**拓展机会挖掘**　客户满意度高，企业才有可能争取到跟客户探讨增量的机会：提高现有产品的订单比率，争取新产品的供货机会，最好是参与客户的新产品开发，获得新产品送样和试产的机会，在研发前期创造技术门槛，拉高竞争对手抢单的难度。

以汽车厂家为代表的日本企业每年都要求供应商降价，一般要求都是降10%，日本企业进入中国之后，部分中国企业很艰难地打进了日资在华企业，一开始很不习惯这样年复一年的降价要求——国产零部件本来就只有进口价格的40%～50%，已经非常便宜了。若干年之后，有的企业建立了降成本能力，悟到了日本企业持续改善、提早降成本建立价格竞争力的奥妙，于是少数中国企业每年主动降价，有的时候有的产品降价超过10%，创造了迷人品质，与日本客户建立了战略合作关系。

他们是怎么做到的？用技术提案帮助客户优化设计和工艺，其中用到的价值分析和价值工程还是从日本企业学来的。

4 用提案能力拓展存量业务和增量业务

在B2B业务的传统交易形态当中，一般是对应客户需求，企业开发若干产品和服务提供给客户。进入21世纪之后，情形正在发生变化，以供应方为主体、激活客户需求的提案型交易、以解决购买方模糊的课题意识的课题解决型交易正在增加。

客户为了支撑经营业绩、提高自身价值，期待与供应商建立贡献关系：采购交易的决定不再是采购负责人的个体决策，而是公司全体的意向流程化，需要取得经营层的批准；现场使用者的意见越来越有分量……采购部门的权限在悄无声息地变化；供应商的企业品牌、产品和服务的形象越来越多地影响客户的采购决定。

因此，过去以人为中心的营销形态增加了新的竞争轴（见图4-6）：组织营销和品牌力越来越起着决定性作用。营销部门要主导整个公司用提案能力创造迷人品质，这就需要公司所有的部门都面向客户开展每一天的工作，全面缩短跟客户的距离：由营销对采购的单窗口工作拓展为职能部门之间的多窗口工作，企业与客户的各个部门之间要建立常态化的共事关系。

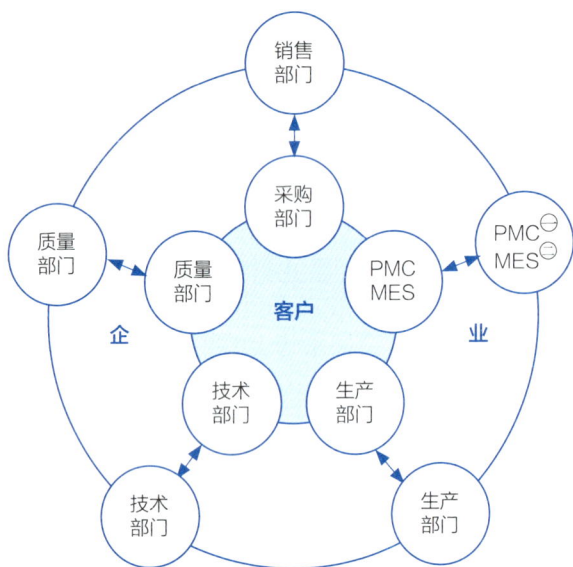

图4-6　全面缩短与客户的距离

⊖　PMC：Production material control 的缩写，是指对生产计划与生产进度的控制，以及对物料的计划、跟踪、收发、存储、使用等各方面的监督与管理和呆滞料的预防处理工作。
⊖　MES：制造企业生产过程执行管理系统。

营销活动的标准化

业务开发是载体，其本质是老客户激活和新客户开发，也就是现有客户的存量拓展和增量拓展，以及开发新客户创造增量。营销活动是与客户互动的绝佳载体，旨在创造客户体验、获得客户信任，进而激发客户把可能的需求释放给企业，转化为商机。因此，营销活动是引流、多元获客的重要途径。

1 营销活动是多元获客的重要载体

所谓多元获客，就是从多种渠道获取更多的客户、创造客户接触，形成企业与一个又一个具体的目标客户之间的直接互动，其前提是全面设计客户接触点。

（1）全面设计客户接触点　目标客户在哪里？企业是一个组织，其化身是员工、信息、产品、服务和品牌等具体的载体，代表企业的这些载体如何通向客户？如图4-7所示，这些企业与客户形成单向或双向传递、互动的点，这就是客户接触点，当这些点越来越多就形成一个面，当这个面越来越大，企业的知名度就越来越高，目标客户在不同的场景当中都接触到这家企业的信

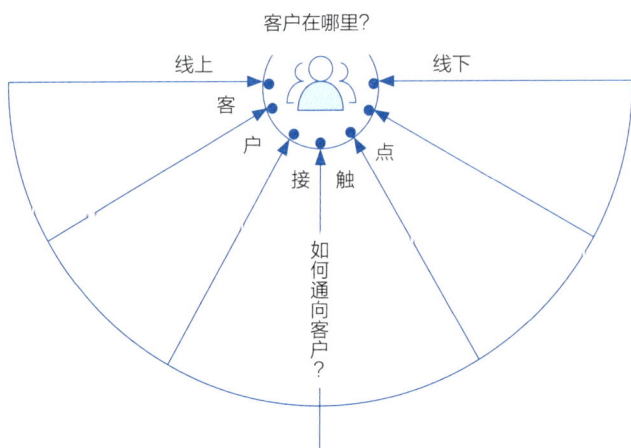

图4-7 全面设计客户接触点

息，就会增加对企业的信任。

对于B2B业务，企业的客户接触点通常有九大类（见图4-8）：网络传播和外部评价，公共关系和媒体发表，广告和促销，营销接触，营销说服，产品和服务提供，售后服务，客户关系活动，产品和服务研究与开发。

这九大类客户接触点，有单向信息传播，更多的是以事为载体、人与人直接互动的，既有线上的，又有线下的，他们都同等重要。例如，企业的营销人员通过线下途径与某个目标客户的某个员工认识了，见面之后客户的员工用手机在网上搜索了一下这家企业，结果页面上跳出来的全是招聘信息和其他钓鱼网站的信息，从网上很难找到企业的官网，几乎看不到有公信

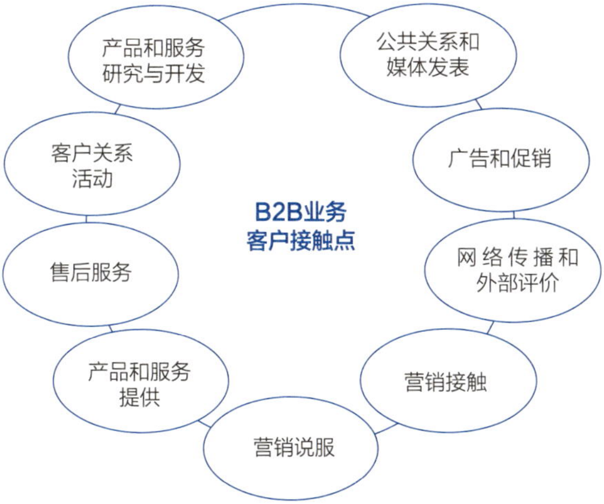

图4-8　九大类客户接触点

力的第三方报道，本来两个人聊得很不错，受网上信息的影响，客户的员工立即就觉得这个营销人员不错，但这家公司似乎不靠谱。

　　这个案例说明，全面建设客户接触点非常重要也非常必要。很多开展B2B业务的公司不太重视线上客户接触点的设计，不但官网建设得不好，而且几乎不做主动的网络发布，客户接触点太少，营销人员要取得客户的信任就会很慢。

　　从宏观意义上讲，全面建设客户接触点其实就是品牌建设，品牌传播做得好，可以使陌生客户快速认识企业，而企业通过人与人之间的互动，结合产品和服务，就可以快速取得客户的认可。

　　某企业在推进营销标准化体系建设的过程中，利用年中会议的机会，组织主管以上的干部，从14个维度对客户接触点的现状进行全面盘点，包括：主动积极的线上传播，有公信力的背书信息，上档次的官方网站，打动人的企业书面介绍，与社会的积极互动，有公信力的媒体报道，有品位的品牌和业务传播，有趣而有价值的促销，员工与客户线下互动，线下的业务互动，履约过程和成果交付，常态化的客户增值活动，主动的客户关系建设，技术互动和联合开发，见表4-5。

表4-5　客户接触点盘点表

序号	客户接触点	定义	现状	效果评价	问题点	改进建议
1	网络传播	主动积极的线上传播				
2	外部评价	有公信力的背书信息				
3	网站	上档次的官方网站				
4	宣传册	打动人的企业书面介绍				
5	公共关系	与社会的积极互动				
6	媒体发表	有公信力的媒体报道				
7	广告	有品位的品牌和业务传播				
8	促销活动	有趣而有价值的促销				
9	营销接触	员工与客户线下互动				
10	营销说服	线下的业务互动				
11	产品和服务提供	履约过程和成果交付				

序号	客户接触点	定义	现状	效果评价	问题点	改进建议
12	售后服务	常态化的客户增值活动				
13	客户关系活动	主动的客户关系建设				
14	产品和服务研发	技术互动和联合开发				
整体评价						
行动计划						

他们尽可能站在客户和第三方的角度进行体验和效果评价，发现问题，提出改进建议，并制订行动计划，最终由专门的项目小组编制"客户接触点全面评估和系统建设行动计划"。

表4-5只是直观地呈现输出结果的形式之一，他们还有PPT和Excel等多样化的方式，用数字、模型、工具、视频、照片、实物和文章等承载的"客户接触点全面评估和系统建设行动计划"，向公司品牌建设委员会汇报并争取资源支持。

（2）设计通向客户的多维路径，规划定向传播途径　B2B业务不是概率性的，必须一个一个客户开发、一个一个订单跟进，目标客户在哪里？他们经常出现的地方有哪些？如何找到目标客户成堆出现的地方跟他们形成面上的接触和互动？

这就需要企业设计通向客户的多维路径，对目标客户群体进行定向传播，在客户接触点上创造信用力。

案例4-8　某印刷厂拓展多元获客渠道

广州某印刷厂主要生产高端画册，目标客户是那些对印刷质量、档次和形式有特殊要求的企业、组织和个人，如房地产公司、高档礼品公司、画家工作室和书法家工作室等。过去他们主要是业务人员一家一家跑客户，发展到一定的规模之后，设备投入大了，需要业务量匹配产能，确保投资回报率，否则公司就可能亏损。

营销团队讨论之后发现，公司的营销模式太单一，主要靠业务员一个一个跑订单，必须要有更大的客户接触量才能提高营销效率，于是他们循着下面五个问题梳理通向客户群体的路径。

1）我们的目标客户是谁？

2）他们经常在哪里扎堆儿？

3）在我们的业务领域，目标客户群体最关注的是什么？

4）我们如何吸引目标客户群体？我们又如何走进目标客户群体？

5）如何策划营销活动？

这一讨论把大家的思路全打开了，他们通过讨论并制作表4-6发现一定要与互补性强的企业或组织进行战略合作，因为他们凝聚目标客户群、业务与公司不冲突、完全互补，双方合作可以共同为客户群体创造更大的价值，这样的战略合作伙伴包括省市级房地产行业协会、画家协会、书法家协会等。

表4-6　通向客户群体的路径

序号	目标客户群体	聚集地	定向传播方式	战略合作方	技术性营销活动
1					
2					
3					
4					
5					
6					
7					

与战略合作伙伴共同举办技术性营销活动，置营销于技术研讨、技术服务之中，例如跟画家协会主办现代印刷技术与艺术创作研讨会，吸引高层次画家群体与印刷企业互动，建立连接，之后逐一跟进。画家们对作品呈现有特别的需求，有的时候印一本、两本，有的时候印三五千本，印刷厂决定快速建立单件印刷和小批量印刷的法拉利通道（快速响应及交付通道），以满足这部分高端客户的个性化需求。

一群一群地接触客户，一个一个地线下跟进，日积月累、年复一年的市场耕耘，企业的客户池越来越大，各种"鱼"都有，形成合理的客户结构。所以，建立多元获客渠道，企业接下来即要通过针对性的营销活动，与目标客户群体互动，获取具体客户对企业的信任，获取一个又一个的商机。

2 营销活动是获取商机的高效率手段

在营销标准化的内容当中，重要的一个模块就是营销活动的标准化，在制订每年经营计划的时候，就要制订全年的营销活动计划。营销活动是多元获客的重要载体。

什么是营销活动？就是以客户互动为载体，通过引流、批量地创造客户体验，增加企业与客户之间的了解和理解，人与人之间、组织与组织之间建立信任关系，企业获得客户的接纳，进而抓住商机，创造合作增量，彼此赋能，相互贡献。

营销活动并不是只针对新客户，邀约正在合作的客户参与营销活动，也是非常必要的，这样可以在老客户当中创造新的机会。

很多企业虽然也会参加国内外展会，但并没有强烈的营销活动意识，更没有正式的营销活动计划，这样的结果是展会更多的是坐等客来，被动营销。

案例4-9　展会——从被动营销到主动营销

某电子科技公司研发、生产和销售电容器，以液态电容器为主，开始导入固态电容器这一新型产品，为了加速新产品的推广，他们开始思考营销模式的转变。

过去他们参加展会，一般是两三个同事"守摊儿"——坐等客来，客人来多来少完全看展会情况，工作人员几乎不会走出展位吆喝，更不会到展区流动散发传单，最多有的时候轮流去别的展位转转，参加一下开幕式和闭幕式等展会活动。

在营销顾问的指导下，由营销和研发团队组成的参展小组决定从被动营销转变为主动营销，他们利用上海光电展的机会进行技术性营销，取得了非常好的效果，具体的做法是：策划新产品发布会、技术研讨和案例分享三场活动。

该公司在新产品发布会上发布的是固态电容器在手机快充领域的应用；在技术研讨会以"全球固态电容器应用难题及技术趋势"为主题，由美国技术专家主持；案例分享则是公司固态电容器在华为3C产品⊖当中的应用。

开展之前，该公司将参展信息和三场活动做成简章、公众号文章等进行网络传播，营销和技术团队全体行动，邀约现有客户和目标客户的技术、采购和高层等人员参展、观展和参与这三场活动；在展会开幕后，派人巡回派发三场活动的传单，吸引人流；三场活动开展时，参与人数超预期很多，现场甚至有点儿拥挤，在美国专家出场的技术研讨会，出人意料地来了多家汽车电子、消费电子的大客户，讨论也异常热烈。

展会结束盘点下来，展位的人流量大增，更重要的是与120多家有价值的目标客户有了直接的互动，建立了一面之缘，40家客户有后续见面的意向，接下来就是全面出击、走进客户了。

在上海展会之后，大家整理输出了"展会技术性营销实施指南"，将好的经验固化为工作规范，并在内部组织了参展报告会和展会营销培训。

不要"坐销"要"行销"，只有走出企业、走进客户，主动出击、主动营销，企业的订单才能成为"源头活水"。怎么进行主动营销呢？就是一次性制订全年的营销活动计划，纳入52周的日程安排，动态执行这一计划。

⊖ 3C 产品是计算机（Computer）、通信（Communication）和消费电子产品（Consumer Electronic）三类电子产品的简称。

案例4-10　某化肥企业钦州区域2020年营销活动计划

　　某化肥企业过去都是随机地搞营销活动，虽然次数不少，但因为没有系统规划，经常出现时间不恰当、准备不充分、创意不足、考虑不周等问题，费用花了不少，效果并不理想。

　　在公司聘请的管理顾问的指导下，从2020年开始，他们开始试点在年初就制订全年的营销活动计划，广西大区钦州区域作为试点单位，选择主要作物，围绕示范田开展系列营销活动。

　　根据钦州当年的种植结构，区域经理决定主抓水稻、辣椒、荔枝、柑橘和百香果五种作物，以经销商远见农资为支撑平台，以有实力的零售商（农资门店）为服务平台，根据用肥高峰确定销售旺季，以示范田为中心，开展0元试促销、观摩会、订货会、测产会和农民会等系列营销活动，其计划安排如图4-9所示。

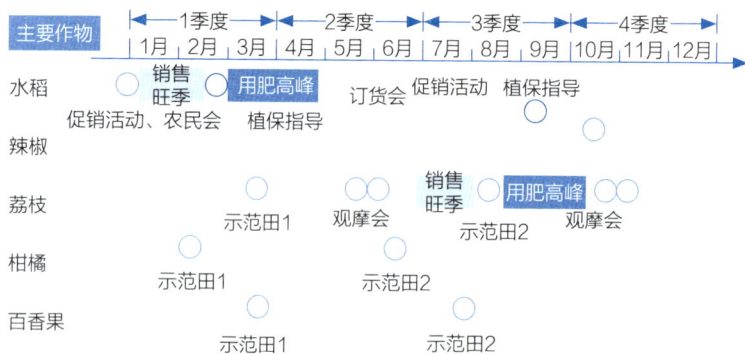

★主抓水稻、辣椒、荔枝、柑橘、百香果　　★零售商：有意向的D级零售商(列表沟通)
★经销商：远见农资

围绕示范田开展系列营销活动

◆0元试促销　◆订货会　◆农民会　◆观摩会　◆测产会

图4-9　某化肥企业钦州区域2020年营销活动计划

有了这个全年计划，在公司营销活动标准化方案的指引下，提早策划、提前准备、提前引流，做好创意策划、事前预演，一场又一场的营销活动有序地、高质量地开展，创造了很好的销售业绩。

经过半年的试点，该化肥企业将优化之后的营销活动标准化内容纳入了公司的营销手册，并通过云营销系统为各区域开展营销活动提供了有力的支持。

很多企业虽然也在搞营销活动，效果却不好，究其原因就是做低档次的推销，主要介绍企业的产品、价格和优惠条件等。企业应做以下调整：

（1）从被动营销到主动营销　过去，很多企业的营销都有坐、等、靠的特点，缺乏策略、单兵作战，个人英雄主义，凭经验野蛮生长，客户也是被动维护，忽视进攻性的市场拓展，没有区分市场活动和销售行为。现在，越来越多的企业开始重视主动营销，有的企业将其称为"狼性营销"。

与被动营销不同，主动营销是具有进攻性的，企业非常清楚地知道哪些是市场活动，哪些是销售行为，主动走进客户，主动挖掘需求，有清晰的营销策略，组建有力的营销作战单元，以项目工作方式机动进行团队作战，为客户提供系统解决方案，训练有素的作战小分队为客户创造迷人品质。

（2）系统规划一年的营销活动，进行技术性营销　营销活动也就是活动营销，是与客户接触和互动的有效载体，通过策划、组织主题活动，在邀约客户的过程中与有效客户有效互动，在线下活动过程中与客户面对面（Face to Face，F2F），建立面缘，企业与客户之间的连接就形成了。营销活动直接建立直觉的客户体验，企业与客户相互了解，企业挖掘客户潜在需求和显性需求。好的营销活动应该是技术性营销、体验式营销、事件营销。

与一般推销不同，技术性营销以技术内容为载体，以高端论坛、技术研讨会、主题培训、分享会、交流会、主题沙龙等形式，邀约现有客户和目标客户参与，因为是技术性的内容，如果策划得当，客户端人员总是有人感兴趣，现场也不太有防备心，在营销活动中愿意与企业（活动主办方）相互交流、释放信息甚至释放商机，由营销活动建立的一面之缘自然开启两个企业之间的人员互动，企业因此增加了很多与新老客户的接触机会。

技术性营销活动对树立企业的技术权威至关重要，这样才能拉动引流和客户接触，激发线索和商机。

案例4-11 白云化工的技术性营销

白云化工是做工业密封胶的，总部在广州，他们的业务是为全球建筑幕墙、中空玻璃、门窗系统、内装、装配式建筑和工业领域提供密封胶系统解决方案。疫情发生后，白云化工立即开启云办公模式，夯实数字化管理水平，通过企业微信等线上工具高效触达客户及合作伙伴。白云化工在线应时推出"白云在线大讲堂"定制化课堂、"白云在线大讲堂"线上公开课、抖音平台"白云在线云课堂"、微信聆听阅读及线上答疑等一系列数字化课堂，远程授课，精彩直播，在特殊时期开展多样化公益性线上服务。

他们有一堂"密封胶为什么会开裂、脱胶？"的线上公开课，在线学习人数是6600人，这对于一个细分技术课程来说，是一个不小的流量。

白云化工的抖音平台"白云在线云课堂"号称"足不出户，密封胶专家与您面对面"，在2020年2月16日就推出了"硅酮耐候密封胶起鼓原因分析及解决方案"的技术直播课。

他们在抖音上发布了一个15秒的视频，推广"白云在线云课堂"上面的直播课，主题是"密封胶为什么会变色？"，由白云化工技术工程师卢云飞主讲，透过屏幕人们感受到这位主讲人的放松和活力，不亚于职业培训师。

白云化工的技术培训一直都做得非常棒，在2020年1月之前，白云化工还只是线下培训，他们在中国和东南亚多处开课，都是中文教学；2月之后，白云化工打通线上和线下，相信不久的将来，他们会推出面向全球的英文技术课程。

客户的采购决策单元有五大角色，分别是倡导者、决策者、执行者、使用者和影响者，技术人员是采购决策单元当中最重要的影响者之一，B2B企业用营销作战单元应对客户的采购决策单元，技术性营销将创造极大的无形优势。

对于一家开展B2B业务的企业，当线上技术课程成为常态，线上线下常态化地为全球客户提供技术服务时，该企业不但可以输出标准化技术支持，还可以定制个性化的技术支援；他们将吸引和黏住越来越多的技术粉丝，在客户端的知心人群体将持续壮大；他们可以从目标客户的技术窗口常态化地获取客户的需求线索，流量大了，成交量将随之提高；在客户采购决策单元中，技术人员成为越来越重要的影响者，技术粉丝群将给企业带来越来越多的非价格优势；企业将比竞争对手更早融入客户，促进联合开发、联合项目，极大地提高客户黏性，降低客户的价格敏感度。

企业该如何规划系列营销活动？不是一两次活动，而是以一年为周期，多维度、多对象（客群）、多主题、多平台、多形式、多地域、多频度地进行规划，形成一套营销活动矩阵，用一张纸就可以规划清楚。这样做的好处是，若邀约某个客户，这次他来不了下次可以再邀约，采购人员来不了技术人员可以来，一年的系列营销活动创造了一个又一个机会。

📑 案例4-12　某企业营销活动技术主题一览表

某企业创业12年，从来没有做过营销活动计划，在编制年度经营计划时也没有同步编制年度活动计划，一年当中偶尔开展两三次的营销活动也是随机想到就临时策划临时做。

公司营销副总经理在广州参加"营销标准化"培训之后，决定要系统全面地制订一年的营销活动计划。因为该企业生产的是技术含量高的配套产品，所以一定要做技术型营销。

于是，营销团队在展会、高端论坛、技术研讨会和技术培训四大方面进行主题设定，明确技术内容、活动时间、地点和邀约对象，做到市场、技术内容、客户人员和月份全覆盖，形式多样化，点—线—面—体全面展示企业实力，与目标客户群体进行线上线下互动，全面引流，见表4-7。

表4-7 某企业营销活动技术主题一览表

序号	类别	技术主题	说明	时间	地点	邀约对象
1						
2	全球展会					
3						
4						
5	高端论坛					
6						
7						
8	技术研讨会					
9						
10						
11	技术培训					
12						

　　系列营销活动在人员层次上要覆盖客户端的高层、中层和基层，在主题上以技术为主，配以经营、管理和行业话题，在形式上要有线下也要有线上，在规模上要有大场、中场和小场，在地点上要走进客户也要有一线城市——很多客户端的人员难得去北京、上海、广州、深圳一次，甚至很多企业还把一线活动放在海外，这样的规划是多维立体、丰富多彩的，总有一款能打动客户。

　　（3）策划某次具体的营销活动的方法　以营销活动为载体创造话题吸引用户，以全过程的技术性营销创造参与者的"干货"体验，培养公司的粉丝。

一次好的营销活动是在策划阶段决定的，包括这次活动的主旨、对象、主题、地点和创意，如图4-10所示。主旨是本次营销活动的目的和目标。此次营销活动是为了创造企业影响力，还是为了吸引有某个方面需求的客户进行深入互动？采购人员、研发人员、质量监管人员、生产人员、营销人员、人力资源人员、老板，以哪个对象进行主题设定？定出来的主题能吸引想邀约的对象吗？在什么城市做这场活动才能更好地吸引用户参加？是在星级酒店、大学还是公司内部搞这次活动？怎样才能匹配这次活动的档次和质量？这次活动最打动人的创意是什么？

　　用小组讨论的方式把这些方面梳理清楚，接下来就要编制为一个营销活动方案，纳入行动计划。这个过程既是策划，也是动员，还是一个训练团队的过程，这样做出来的营销活动计划会有很好的执行效率，更能保证效果。

策　　划

主旨

平　　　　台

对象　　　　主题

地点　　　　创意

计　　划

图4-10　营销活动策划要素

每一次的营销活动方案并不是活动启动之前临时做的，而是在制订完全年营销活动计划之后，就要策划、编制所有的营销活动方案，也就是每一次营销活动要对应一个具体的方案。

（4）做好某次具体的营销活动所需要素　如图4-11所示，营销活动的执行分成活动前、活动中和活动后三个阶段。活动前要定向传播，也就是针对目标客户做技术性传播，树立技术形象；之后是邀约客户，直接与客户端的具体人员联系，营销活动尤其是技术性营销活动是营销人员与现有客户互动很好的话题，也是新客户开发很好的载体，在操作过程中尽量邀约客户采购决策单元当中的多人参加。定向传播和邀约客户一定要有提前量，用逆算思维从活动举办日期倒推定向传播最迟哪一天就要开始，哪一天要开始邀约客户，哪一天截止报名。

接下来就是活动组织，事前将原来制订的活动方案再次确认5W3H⊖行动计划，落实到具体的人员，在现场高质量地组织实

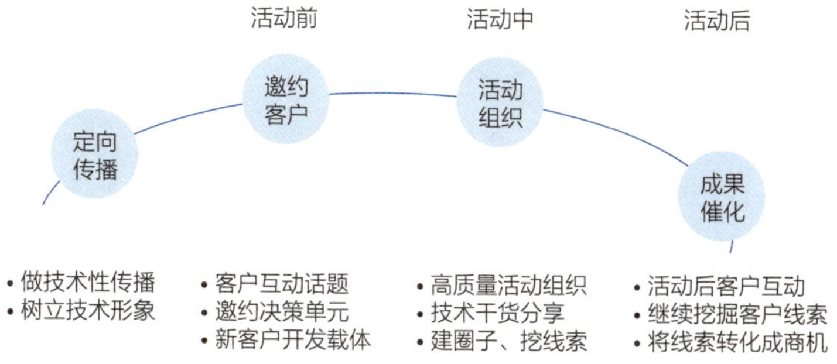

图4-11　技术性营销活动

⊖　又称"八何分析法"，5W3H是描述问题的手段，其具体指的是：What，Where，When，Who，Why，How，How much，How feel。

施营销活动，进行技术干货分享，利用开场前、中途休息和结束后的时间，有计划地主动与相关客户端人员进行点对点的互动，建圈子、挖线索。

营销活动的结束才是营销工作的开始。每次营销活动后要整理信息、催化成果，要趁热打铁，在活动之后的一周之内与所有出席和未出席活动的、联系过的客户进行再次互动，继续挖掘客户的需求线索，努力创造点对点的见面沟通机会，着手将线索转化为客户对企业释放的商机。

3 获取线索，转化商机

能获取线索、转化为商机的营销活动才是成功的。

所谓线索是指有关客户需求的相关信息，包括与业务相关的定向信息、非定向信息，如图4-12所示。线索可以转化成商机或者有助于商机。

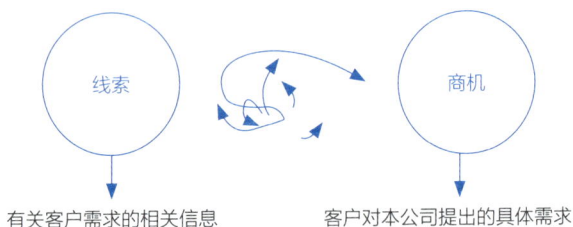

图4-12 获取线索转化商机

商机是客户对本公司提出的具体需求。例如，客户想了解本公司而发来的信息、带有征询性质的需求信息，或者是客户有明确意向的需求信息，或者是客户对公司直接询价，或者是双方之间的技术探讨。

客户有采购需求，但是并没有说要企业报价、送样等，也就是没有把这些需求向企业释放，这就是线索。商机则是客户直接向企业释放的需求信息。对于一些企业来说，线索就是可能的机会，商机就是直接的机会。

不论是一个一个给客户打电话，在营销活动现场跟客户见面，还是拜访客户、邀约客户来访，其目的都是发现线索、获取商机。

4 商机攥取

商机是客户基于自身需求和对企业的信任而释放给企业的机会，非常宝贵，营销人员花了很多心思、很多时间做了很多工作，就是为了获取商机；好不容易得到商机，就要如饿狼扑食般地抓住，千万不要让机会流失。浪费客户机会是营销人的大过甚至是罪过，业务人员推动公司发展就是从抓机会开始的。

怎么抓住机会呢？抓机会需要五个步骤（图4-13）：热烈响应，把握背景，定义需求，快速行动，转化机会。

（1）热烈响应　积极的态度是面对客户的第一成功要素。得到客户联络、了解客户释放的信息时，营销人员首先要表示感谢、表达快速应对的意愿，第一个接到客户信息的人不要做二传手，类似"对不起，这个事情不是我负责，请您联系我的同事"这样的态度其实是在拒绝客户，站在对方的角度看，每个人都是

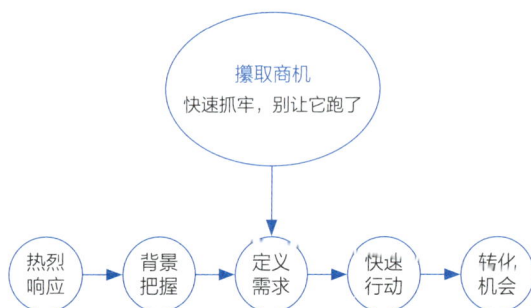

图4-13　抓住机会的5个步骤

所在企业的一分子，正确的方法是了解客户的期待，快速行动，立即组建一个虚拟团队响应客户需求，就算这个事情不是自己负责，当事人也要悄无声息地导入相关同事一起对应，巧妙地将主导权转移给负责的同事，自己打配合，必要时也可以隐退。

员工是重要的客户接触点之一，客户接触到的企业员工所留下的印象，直接会影响当事人与企业的合作意愿，因为对人的首次接触印象不好而欲言又止、放弃沟通的例子是非常多的。不管能不能合作，机会不能丧失在态度上。

（2）背景把握　要抓住需求机会，了解客户端的需求背景是关键，电话交流、索要必要的文件、上网搜索、侧面打听都是掌握背景的好方法，营销人员要搞清楚客户向企业"抛绣球"的出发点是什么，这样才能更好地理解客户、定义需求。

一个一向对自己冷淡的客户采购经理突然主动联系询问："这个产品你们能做吗？"这是一时兴起还是碰到了麻烦要紧急采购？是常规的联络还是"救火"？开发一个新的供应商，对方是为了降低采购成本、提高采购质量还是缩短采购周期？这些都需要营销人员摸清楚客户端的需求背景。

（3）定义需求　把握背景的过程，其实就是逐步定义需求的过程，用"什么？为什么？怎么办？"的三段论思考工具可以帮助我们快速理清楚：客户的需求是什么？客户为什么提出这个需求？客户要达到什么目的、目标？客户希望我们怎么办？关于主题、内容（技术方案和商务方案）、时间、标准（交付要求）、人员等内容，营销人员可用5W3H的八要素方法一一明确。

（4）快速行动　在B2B业务中，营销人员经常碰到客户端的人并未掌握全面的需求信息的情况，为了摸清楚整体情况，要邀约与客户尽快见面，这个时候要见的人不只是跟企业释放需求信息的人，还包括相关的其他重要人员。

采购决策是由倡导者、决策者、执行者、使用者和影响者五大角色决定的。根据业务的性质，营销人员应尽快去客户处，建议与客户的相关人员见面，例如双方若干人员见面进行技术交流，确定下一步的行动建议。

"球"不要从我们手上掉下。巧妙引入营销作战单元，与采购决策单元互动，这样可以全面把握需求，见到更多的人、形成更全面的互动，也可以提高成交的概率。

（5）转化机会　有的时候，企业不用与客户见面也可以响应客户；有的时候，双方团队第一次见面交流便达成行动共识，进入正式的业务推进阶段。只要客户抛出需求，企业就一定要顺着将这一业务纳入工作，搅动客户端的采购决策单元。

营销活动本身不是目的，真正的目的是获取线索，也就是获取客户端的需求信息，所以，对于参加了活动和没有参加活动的客户，在活动之后都要一一联系互动，尤其对于因为各种原因未能成行的客户，可以将活动的信息、资料发过去，以此为话题继续互动，建立信任、强化连接；基于信任获取的线索，企业应立即将其纳入工作，着手将之转化为商机，这就进入了具体的客户开发阶段。

客户开发流程标准化

对于尚未成交的客户，创造第一个订单的过程，本质上就是开发客户，不能简单地认为这只是打单，打单只是现象，对于B2B业务，第一个正式的订单意味着企业成了客户的下单供应商，纳入了采购订单分配的对象，如果企业交付业绩好，接下来就会有第二单、第三单，进入常态化下单的状态，就意味着这个客户开发成功了。客户开发完成之后，就进入了客户维护的阶段。

为了提高客户开发的工作效率和成功率，客户开发要流程化、标准化，要像对待生产工艺流程一样实施营销标准化、加强变化点管理。

1 B2B客户开发镜面原理

B2B业务的好处是：客户数量是有限的，再多的目标客户用客户画像进行梳理都有具体的数量，企业也不需要海量的客户，客户太多也服务不过来。

松下幸之助说过，必须把自己当成替客户采购的人，这样才会去设法了解当事人的需要和采购数量。因此，了解客户是做业务的第一步。具体到某个新客户的开发，可以根据镜面原理快速制定客户开发流程。

所谓镜面原理，是指企业要做的客户开发就是客户要做的供应商开发，客户开发供应商是有流程、标准和机制的，从四个方面分析客户端的供应商开发情况，企业就可以就客户开发相应制定出非常清晰的推进计划，如图4-14所示。这四个方面分别是：客户采购开发需求、客户采购开发流程、客户采购决策标准和客户采购决策单元。

企业分别从上述四个方面进行应对：客户切入机会分析、客户开发流程、制定营销策略和构建营销作战单元。接下来逐一说明。

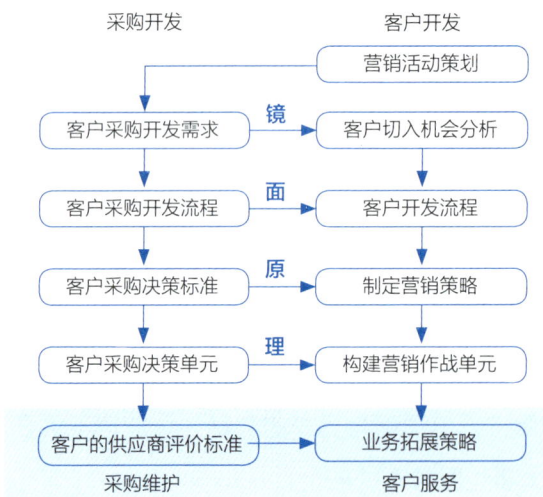

图4-14　镜面原理流程图

当企业与客户实现了第一次正式订单交付，对客户来说就是完成了一个新的供应商开发，于是将此供应商纳入正常的采购下单平台，进入采购维护阶段；对企业来说，则意味着完成了一个新客户的开发，随后进行常态化的订单跟进、业务跟进，进入客户服务阶段。

2 全面把握客户采购开发需求，分析切入客户的机会

对于B2B业务，企业选择开发哪一家客户不应该是员工的个人行为，而是要根据目标客户画像制定相应的标准，利用掐尖法、标杆法、行业法、地域法、集团法、供应链法和跟随法，列出要开发的目标客户清单，对清单中的具体客户组建跨部门团队，设立大客户开发项目逐一开发，如图4-15所示。

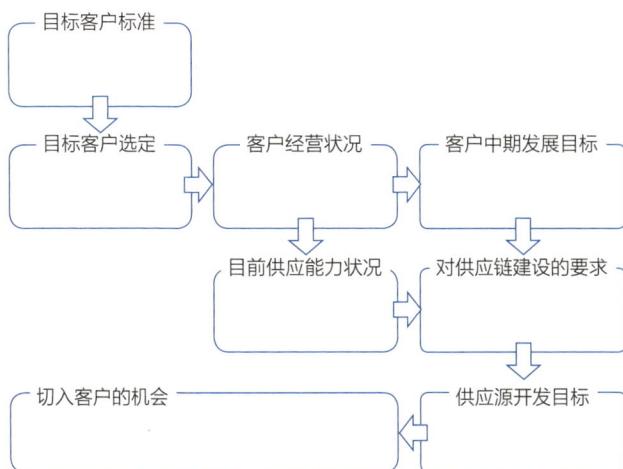

图4-15　切入机会分析

企业选定某一个具体的客户之后，客户开发的第一步就是分析客户当前的经营状况，包括：最近三年销售收入和利润的增长，业务和产品结构的调整，市场拓展情况，经济效益特别是现金流情况，必要的时候还要了解上市计划、股市表现、重大事件和有没有重大的人事变动。

第二步，企业要了解客户中期战略，包括客户中期发展目标和业务发展战略，也就是要看客户未来3~5年的发展计划。对于管理成熟度高的客户，这些信息是可以从公开渠道获得的，上市公司尤其如此。

优选客户是高效率营销的重要基础，B2B业务要开发的是有前景、成长性好的客户，如果发现某个客户规模不大、找不到企业文化和中期战略等信息，企业就要慎重判断这个客户是否值得开发。

案例4-13　科顺防水科技股份有限公司的情况分析

科顺防水科技股份有限公司（以下简称"科顺防水"）是一家什么样的公司？值得开发吗？

上网一搜，这是一家1996年成立、2018年在A股上市的公司，以提供防水综合解决方案为主业，集工程建材、民用建材、工业涂料等多个业务板块为一体，业务范围涵盖海内外的综合建材公司，是以防水材料研发、制造、销售为主体，包括技术服务和防水工程的多业态组合。

科顺防水的总部在广东佛山（顺德），在全国有10个生产和研发基地，分别是广东高明、江苏昆山、江苏南通、辽宁鞍山、山东德州、重庆长寿、陕西渭南、湖北荆门、广西崇左和安徽涡阳。

根据该公司正式公布的年报，科顺防水2019年的营业收入为46.52亿元，同比增长50.22%；归属于上市公司股东的净利润约为3.63亿元，同比增长96.13%；基本每股收益为0.60元/股，同比增长93.55%；资产总额为59.93亿元，同比增长21.73%。

最新的经营状况是：2020年一季度营业总收入为8.09亿元，同比增长24.47%；归属于上市公司股东的净利润约为2938.29万元，同比下降29.97%。

科顺股份的战略是：未来将充分利用企业技术优势、产能布局优势及服务优势等，加大市场开拓力度，提高市场占有率，进一步扩大企业规模，力争到2022年实现营业收入超百亿的目标；增强企业盈利能力，提升经营效率，提高公司经营质量。具体落实措施如下：

1）2020年，科顺股份在维持直销收入正常增长的同时提高经销收入的占比，通过增加经销商数量和密度、开发专项经销商、加大对经销商的供应链金融支持力度等多种途径支持经销商做大做强。另外，在国际市场开拓、新基建领域、民建业务、修缮市场均要加大投入，提高收入占比，使公司的收入结构更加健康合理。

2）根据科顺股份未来三年的业务发展目标，提前做好产能规划布局，提高生产基地建设效率，缩短产能转化周期，确保产能供应及时、充足。同时继续加大对现有生产基地的管理提升工作，调整管理架构和优化管理流程，要求继续提升单位产值、人均产值，缩短投资回报期，提升净资产收益率。

3）加大研发投入，落实降本指标，开发先进技术。科顺股份将加大研发力度，一方面继续落实降本增效工作，提升产品竞争力，扩大市场占有率；另一方面，加大对新技术、新产品、新工艺的开发，确保在满足监管升级和消费升级的同时，引领行业技术和产品变革，巩固公司的研发优势和技术优势。

4）密切关注产业上下游，把握市场机遇。随着国家加大对新基建领域的投入，2020年迎来基建业务的爆发期，科顺股份密切关注新基建项目的市场机会。同时密切关注房地产行业的发展情况，及时把握行业动态并做出应对措施。另外，采购部门应密切关注上游原材料的价格及供应情况，根据市场行情及公司实际情况，及时调整采购策略，降低原材料采购成本。

5）实施人才盘点、测评、提升计划，提高经营管理能力。人才是企业经营的核心。为确保员工与公司共同成长，科顺股份将实施人才盘点、测评、培养计划，针对各职级、各领域的人才进行全方位提升，增强业务专业能力，提升中高层经营管理和战略决策能力，为公司实现战略目标提供人力资源保障。同时继续通过奋斗者激励、股权激励等多种途径加大对优秀人才的激励力度，切实践行"与长期同行者共创共享"的核心价值观。

分析客户的时候，通过多种途径可以获得各种各样的信息，营销人员要从中把握大的框架，否则很容易被信息砸晕。其实，从科顺防水的信息看，企业要进行信息综合：

科顺防水的主营收入从2017年20.39亿元到2018年30.91亿元，再到2019年46.52亿元，目标是2022年突破100亿元，这是一家快速增长、目标破百亿的企业。

科顺防水有10个基地，未来三年将调整业务结构、加大研发、落实降本包括降低采购成本，特别是重点关注新基建带来的机会，加大人才队伍建设也是科顺防水未来三年的重大举措。

企业可以从上述信息中进一步细化分析，找到业务切入的机会。业务机会从哪里来呢？请继续往下阅读。

第三步，分析企业中期发展目标对供应链建设的要求。对于物料供应，中期发展目标会对供应能力、采购周期、供应质量（采购质量）、采购成本控制、供应商技术水平、打样能力和打样周期、快速响应和服务能力等提出更高的要求。同样，咨询机构、培训公司、食堂外包企业和银行等企业，也可以做相应的分析。

第四步，把握客户目前供应能力状况，对照第三步的内容，逐一判断现有水平。当前供应能力与供应链建设要求之间的差异，就是客户的供应源开发目标，也就是说，现在的采购开发是为了满足未来3~5年的中期发展需要，最直接的是服务于下一年交付的需要。

第五步，分析切入客户的机会。企业分析客户供应源开发的需要，要具体到在自己能够服务客户的业务、产品（物料）领域，目前客户正在采用哪几家同行的产品和服务，从产能、交期、质量、价格、快速响应和服务等维度，全面判断客户满意度和供应能力差距。客户对现有供应能力不满意和供应能力有差距的地方，就是企业可能切入客户的机会。

现实当中就有很多的案例：比亚迪做三五万元价位低端车的时候用的供应商，满足不了做十几万元中端车的质量需要，虽然价格很低，但比亚迪也不得不提高价格、引进更高层次的供应商；美的集团的供应商在过去20年也经历了两三次升级。

实际上，大客户的采购开发需求主要来源于供应安全和供应链升级，包括技术能力升级、质量水平升级、产能（供应能力）升级、快速交货能力升级、快速响应能力升级，当然也有基于降成本目标的供应商开发需求。

而因为客户对现有供应商不满意出现的切入机会也很多。例如，目前这类物料客户有三家供应商，其中一家质量特别差，多次要求改善仍然效果不好，一定时间后超出了客户的容忍极限，质量部门提出来（倡导）必须停止与这个供应商的合作，并且必须开发一家新的供应商，主管采购的副总经理知悉后指示采购总监抓紧落实（执行），用三个月时间完成新的供应商开发，报公司领导审批（决策）。这个时候，质量水平就是供应商开发的第一大决策标准。

这只是基于初步的切入机会分析，现实中的切入机会并没有到来，而是需要跟客户直接接触之后，创造信任来获得切入机会，这个时候的切入机会是客户给的，决策标准需要针对这个切入机会进行分析，营销策略随之制定。

3 摸清客户的采购开发流程，制定企业的客户开发流程

绝大多数大客户对于供应商开发，都有供应资格审定和供应能力开发两条线，有的客户的这两条线是并行的，有的客户的这两条线是交织在一起的。正因为这样，企业务必要把新客户打单的过程定义为客户开发。

虽然在理论上，开发一个新的供应商的步骤是大同小异的，

但具体到某一个大客户，在操作上还是有所差别，摸清客户的采购开发流程，企业的客户开发流程只要跟它对应就可以了。客户是甲方（付钱的一方），选择权在客户，顺着客户的流程走才更有效率。

案例4-14 A公司针对B客户的客户开发流程

在对目标大客户B进行全面分析之后，通过前期联系，A公司营销经理李生邀约到B公司技术总监王工参加A公司主办的技术交流会，之后在王工的引见下，A公司营销总监陈卫一行拜访了B公司采购总监黄女士，双方初步达成了合作意向，双方启动相关工作。

回到公司之后，陈卫总监组织营销、研发、生产和财务等相关人员召开专题会议，综合客户拜访获取的相关信息，整理出针对B公司的客户开发流程。

根据B公司的供应商开发流程，新的供应商必须同时获得供应商资格和某个产品送样和小批量试产合格，才能获得第一次批量订单，第一次量产合格之后该供应商才能正式纳入采购平台常态化下单。

为此，会议制订的客户开发流程是资格和产品两条线同步推进。

资格线：确定合作意向后尽快安排B公司来审厂，做到一次验厂合格。然后，再按B公司的要求提交相关资质文件，一次性获得B公司供应资格。

产品线：根据客户需求，双方进行技术交流，针对具体产品制订完整的方案，包括技术方案和商务方案。技术方案包括技术规格、质量标准、包装方式、产能和交货周期、相关服务等，商务方案包括价格、付款方式和付款周期等。之后快速送样，进行样品测试，务必做到一次送样合格，尽快进入小批量试产；在小批量试产合格之后，与客户进行商务洽谈，尽快获得首个正式批量订单。

首单成交一定要"一炮打响"，获得客户的生产、质量、计划、技术和销售等部门的满意，这样企业才能进入采购订单平台，获得客户的常态化下单。

大多数营销人员在开发客户时都是跟着感觉走的，并没有摸清楚客户端的采购开发流程的意识，结果是被动地等待客户的反馈，或者很主动地催促，但总是推不动。如果一开始就知道在客户端有一个采购开发流程，可以跟客户要，也可以向客户提问，这个流程搞清楚了，企业开发这个客户的流程也就明确了。

为什么会出现这个现象？说到底，还是绝大多数营销人员总是以自我为中心思考，不能站在客户的角度思考和行动。

案例4-15　某企业的新客户开发流程

某企业的新客户开发流程（图4-16）——资格审查、产品开发和首批交付交融在一起的流程如下。

营销对应的是采购，站在客户端采购的角度思考和行动是最佳的，这不禁让人想起一篇网络文章，标题是《不做采购，不知道销售有多蠢！》，作者已经无从考证，文章列举了在采购人员眼里营销人员通常会干的8件蠢事：

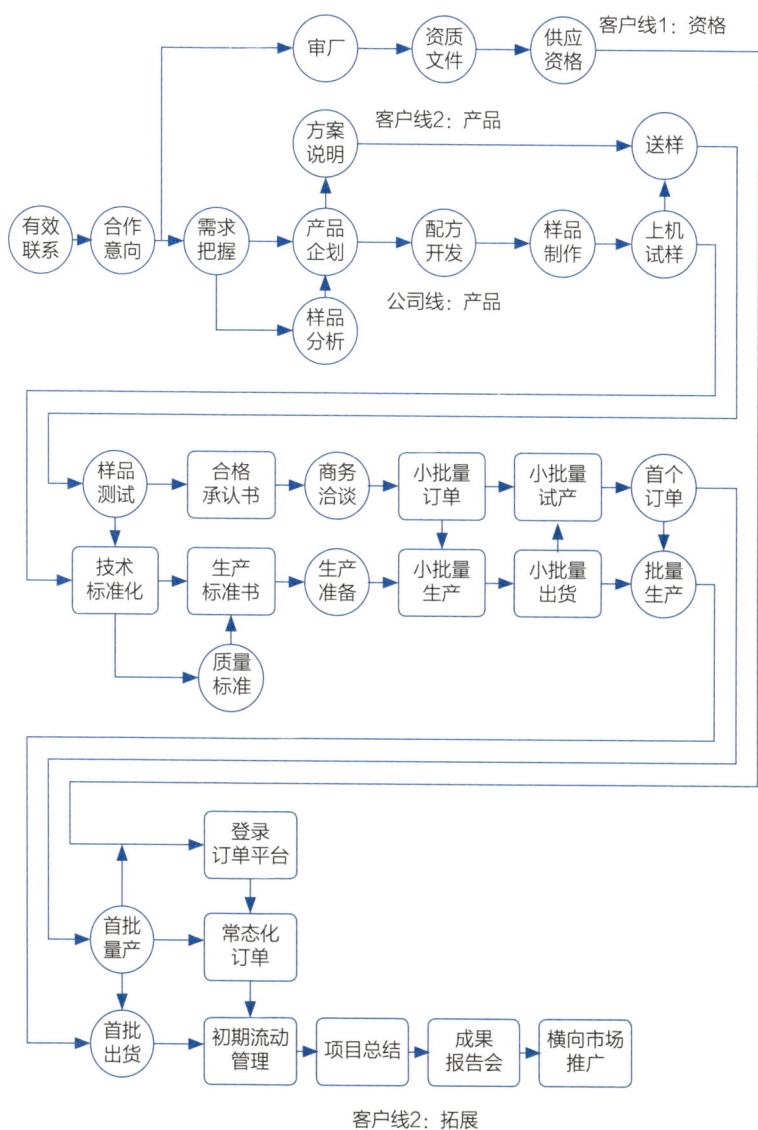

客户线1：资格

客户线2：产品

公司线：产品

客户线2：拓展

图4-16　新客户开发流程

1）相信采购推脱，接触不到实权人物。

2）误把找碴儿当需求。

3）兴高采烈跳火坑，从不问自己是老几。

4）一切听从客户安排。

5）不会托人。

6）在一棵树上吊死。

7）只去满足需求而不会创造需求。

8）拿着产品当解决方案。

其实还有另外一篇文章，标题是《不做销售，不知道采购有多笨！》。站在客户的角度，营销是采购的供应源，融入客户平台、助力客户发展是供应商的价值所在，所以供应商要切实站在客户的角度思考和工作。

4 分析客户的采购决策标准，制定企业的营销策略

客户有客户的采购决策标准，在获得具体的切入机会后，推进客户开发的过程中，分析客户的采购决策标准，企业就可以直接采用对应的营销策略：如果客户这一次就是为了降低采购价格而开发一家新的供应商，企业就直接用低价策略切入客户；如果客户是为了提高供应质量，企业就要突出自己的高质量水平；如果客户这次特别重视技术能力，企业就要放大自己的技术优势；如果客户旨在大幅度缩短采购周期，企业就要用专线法拉利通道打动客户；如果客户这次有特殊要求，企业就要制定特别对应方案让客户放心、安心。这些一一对应的营销策略并不是吹出来的，而是企业实实在在拥有的优势，或者通过努力可以立即创造

的优势，如果不是这样，就算是获得了客户机会，不能兑现承诺，开发客户也一样不会成功，丧失的是企业信用。

（1）采购决策标准：重要度顺序与具体决策权重　　对于B2B业务，客户的采购决策标准是有共性的，基于这个共性的权重变化，企业就可以决定具体某次采购时的决策标准，如图4-17所示。

以大多数做零部件配套的B2B业务说明，客户在做采购决策的时候采用的第一位判断标准其实不是价格，而是技术要求，试想一下，如果技术都不能满足客户要求，价格再低能用吗？

客户做具体采购决策的时候，第一是看技术（T）能否满足要求，第二是看质量（Q）是否稳定。技术是指产品的功能是否能实现、性能是否能达到相应指标值。质量则是指产品的相应功

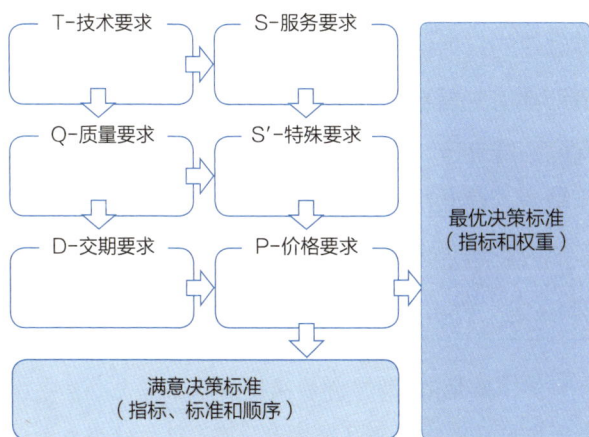

图4-17　采购决策标准

能和性能是否能批量性的、持续性的符合标准，也就是说，技术指标满足客户要求的情况下，能否一个又一个、一批又一批、一年又一年地达到相应功能和性能，这就是质量水平。

只有技术和质量都满足要求的情况下，客户才会进一步考察交期（D）。其实，交期的内容既包括交货周期是否足够短，又包括产能是否可以保证客户需要。在此基础上，客户开始考察服务（S）是否能满足要求，有的时候是特殊要求（S'）能否满足，最后才是价格（P）能否满足——这个时候的价格，并不是一味地要求低价，而是是否能够匹配到客户的预算。实际上，客户的每一次采购行为一开始都会有相应的预算，基于预算得到预期的价格，有的时候还可以稍微超过，但不要超过客户的心理接受极限就可以了。

总结一下，B2B业务的客户采购决策标准包含六个要素：技术、质量、交期、服务、特殊要求和价格，客户在判断这六个要素时是有顺序的。为什么企业很多时候都感觉绝大多数客户、绝大多数情形都首先是看价格呢？原因就在于前面的几项可以已经觉得没问题、能满足，于是单刀直入问价格，这就造成了"价格是采购决策第一标准"这样的误解。

案例4-16　价格是如何成为采购决策第一标准的？

某公司为了降低A外购零件的采购成本，决定开发一家新的供应商，因为是现有成熟产品，对技术和服务没有特别要求，但是要求价格比现有采购价格低15%，同时质量要稳定，尤其是要杜绝批量不良，交期要由目前的7天缩短为5天，还要保证每周10万件的供应能力，付款周期由3个月改为月结。

客户方给的采购决策的重要度顺序由高到低依次是：技术、质量、交期、服务、特殊要求和价格，由于本次采购决策的权重变化，分别是技术1、质量3、交期5、服务1、特殊要求0、价格10，最终本次采购决策的重要度顺序由高到低就变为：价格、交期、质量、技术和服务（见表4-8）。

表4-8　采购决策权重变更表

重要度顺序（正常标准）	采购决策标准	本次采购需求	本次采购决策权重	本次决策重要度顺序（本次特别标准）
1	技术要求（T）	现有成熟产品，无特别技术要求	1	4
2	质量要求（Q）	质量稳定，杜绝批量不良	3	3
3	交期要求（D）	交期由目前的7天缩短为5天，产能10万件/周	5	2
4	服务要求（S）	无特别服务要求	1	4
5	特殊要求（S'）	无	0	—
6	价格要求（P）	比现有采购价格低15%，付款由3个月改为月结	10	1

价格低是第一大决策标准，可是该公司也为此提供了吸引供应商的条件：付款是月结，采购量是每周10万件、每个月40万件左右。

（2）两种常见的采购决策模型　对于B2B业务，客户与现有供应商大部分都是签订年度协议（合同），包括供货协议、质量协议，有的还有技术协议。基于年度协议，以订单形式常态化采购（供货），按月度进行结算，以月结月付、月结季付（延迟三个月支付）等形式支付货款。

一旦常态化采购出现异常或者不能满足需要，客户就会启动新的供应商开发。大部分情况下，大客户都是面向第二年或中期发展目标进行新的供应商开发。

每一次开发新的供应商都是要有具体的订单（第一单）作为载体的，这样才能全面考核供应商的综合能力，这个时候的采购决策并不是按照单一标准进行的，是综合技术、质量、交期、服务、特殊要求和价格六大维度做出的。

客户做出采购决策通常有两种模型：满意解决模型（见图4-18）和最优化决策模型（见图4-19）。

满意解决模型也叫底线决策模型。针对要解决的问题，明确决策的需要，也就是先确定这次决策要解决什么问题、达到什么效果，再把问题进行简化，例如在案例4-16中，问题其实是开发一家低价格的供应商。

接下来针对这一问题设定满意的标准，这个时候的标准并不是单一的，虽然有的时候我们看到的是类似"最低价中标"这样的单一标准，实际上也是从多维度设定标准进行评价的，只是"价格"的权重最高。例如，按照x、y、z三个方面分别制定相应的最低标准，确定优先的备选方案为A_1、A_2、A_3，这三个方案

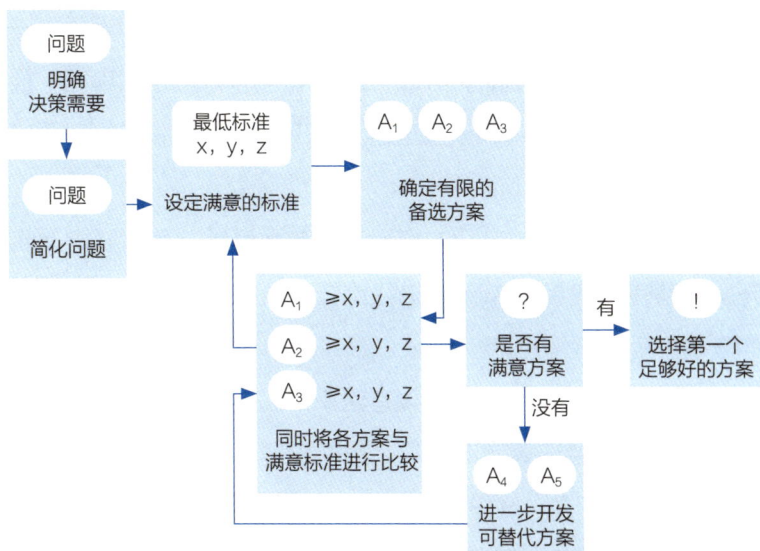

图4-18　满意解决模型

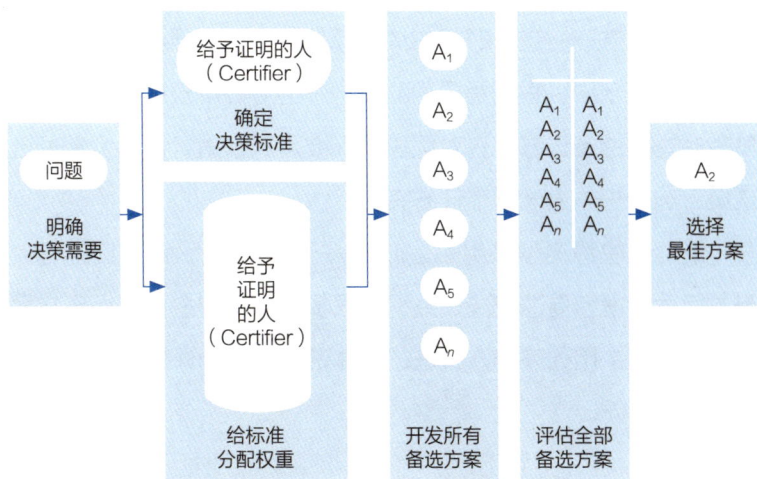

图4-19　最优化决策模型

分别与满意标准（最低标准）进行比较，看看是否全面满足（x、y、z都达到或超过最低标准），如果只有一个方案全面满足，自然就选择它；如果有两个方案都全面满足，就从中挑选相对更优的方案。

如果A_1、A_2、A_3三个方案都没有全面满足，就需要进一步开发可替代方案A_4、A_5继续进行比较，直到得到一个全面满足的方案为止。

例如在案例4-16中，如果有两家都满足比现有采购价格低15%，客户就会选择交期更短、产能更可靠的那一家；如果交期和产能也差不多，客户就会选择质量水平更高的那一家；如果质量水平也差不多，客户就会选择技术水平更高的那一家。

另一种常用的决策模型是最优化决策模型，也就是追求整体最优。这就要求企业把要决策的问题明确为决策需要，制定多维度的决策标准——这个时候的决策标准并不是最低要求，而是要达到优秀的水平；根据重要度给每一个维度分配权重，接下来开发多多益善的备选方案，对照决策标准及其权重，评估全部备选方案，选择整体最优的最佳方案。

最优化决策模型采用的是加权因子评价法$^\ominus$，评价结果不会因人而异，很容易达成决策共识。很多在华外资企业进行多方案比较时，都会用列表的方式进行具体说明和赋分评价，用加权分进行最终判断。

$\ominus$　对某个因素所占比重进行加权平均。

5 摸清客户的采购决策单元，构建企业的营销作战单元

"摸功"是营销人员的基本功，"摸"客户整体情况、"摸"客户关键信息，"摸"客户的采购决策流程，"摸"客户的采购决策标准，"摸"客户的采购决策单元……"摸"的方法有很多，不能什么时候都是简单粗暴地问客户要，大多数情况下赤裸裸地索要会遭客户拒绝，用多样化的方式巧妙沟通，往往说着说着就获取了想要的信息。

例如，采用低价切入策略的时候，价格低到什么程度呢？不是看企业自己能承受的程度，而是要摸清楚客户的期望值，以及客户可以接受的心理极限价格。

客户的采购决策并不是一个人做出的，而是一群人做出的，做出采购决策的这群人叫作采购决策单元。一般有五种角色，即倡导者、决策者、执行者、使用者和影响者。

（1）摸清客户的采购决策单元　对于B2C业务，消费者在买东西的时候，采购决策单元通常集中在一两个人身上，客人的需求有没有得到满足，很快就可以判断出来并进行应对。

对于B2B业务，客户的采购决策单元更复杂，如图4-20所示。企业一定要"摸"清楚，因为大多数情况下客户并不会清楚地告诉你他们哪些人参与决策。

采购的倡导者是提出本次采购建议的人，"不行就再找一家新的供应商吧"，董事长说出这句话的时候，采购负责人是不能不认真对待的，当然，每一次采购行为的启动，倡导者未必只有

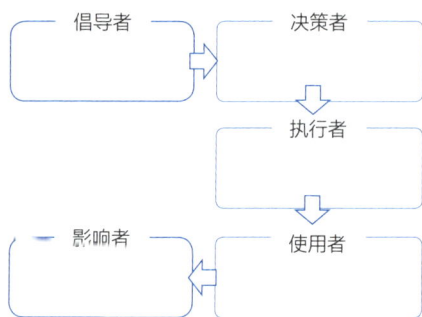

图4-20　采购决策单元

公司领导，任何人倡导的采购开发都需要得到决策者的首肯，否则就可能会被"一票否决"。

采购的决策者是对本次采购做出最终决定的人，虽然很多企业都是集体决策，但是真正意义上来说，最终决策是由最终签字的人做出的，这个人如果不签字，就没有走完流程，客户端就不会有下一步的行动，从某种意义上来说，决策者对本次采购负最终责任。

不同企业的集权和分权程度是不同的，有的企业大事小事都要领导人签字决定，有的企业则根据不同的情形授权不同层面的干部签字决定，营销人员在开发客户的时候，要尽早"摸"清楚决策者，创造恰当的时机与决策者认识、交流，把握决策者的期待和判断标准，才能提高成功率。

采购的执行者是执行本次采购工作的负责人，也就是客户端与企业对口合作的人，有的时候是一个人，有的时候是几个人，他们可能是采购部门的上下级，也可能来自客户端的不同部门。

采购的使用者是接受本次采购结果的人，也就是企业提供的产品和服务，是客户端使用者的业务输入、工作条件，企业产品和服务的好坏直接影响他们的工作效率和业务成果，他们是客户端最直接的使用者，企业必须非常重视这些人，因为他们是第一时间判断供应方产品和服务的好坏的那拨人。

例如，生产部门的员工在生产线上直接使用供应商（企业）提供的物料（产品），如果供应商的产品老是出现质量问题，还会出现延迟交货等问题，造成客户停产，生产部门反应很大，这个时候采购开发部门就不得不考虑对这家现有供应商采取对应措施，限时整改、停止供应资格甚至取消供应资格。企业在开发客户的过程中，要非常重视客户端的采购使用者，要真正帮助他们创造更好的流程绩效。

采购的影响者是对采购决策有直接影响的人，他们的意见在很大程度上左右着采购决策者。例如，技术工程师似乎在采购决策中作用不大、地位不高，但有经验的人都知道这是假象，技术含量越高的产品，客户的技术人员在采购当中的影响力越大，在测量方法、样品测试、技术标准、技术判断、质量标准等方面，他们可以在配合速度、技术倾向和数据标准等方面发挥无形的作用，甚至可以一票否决，企业处理得当，客户端的技术人员就可以产生助力，处理不当就可能创造难以逾越的阻力。所以，不要小看客户端的技术人员，要与他们建立良好的工作关系。

影响者对营销方的作用有三种：阻力（反对，-1）、中性（不赞成也不反对，0，有时候中性也就是阻力，即0就是-1）、助力（赞成，+1）。影响者可能直接对决策者产生影响，还可能影响采购倡导者、执行者和使用者，使之成为影响者，进而影响决策。采购倡导者、执行者和使用者实际上都可能是影响者。

影响者无法消除，只能转化：将阻力转化为助力（+1），至少转化为中性（不反对，0）。转化的方法有两种：一种是直接对影响者做工作，将阻力转化为助力（−1至+1）；另一种是创造影响力更大的影响者（+n），抵消阻力、创造助力（+n−1=+1）。

通常来说，采购的倡导者、决策者、执行者和使用者都比较容易识别，难点会在于影响者，因为人人都可能成为影响者，采购的执行者可能成为采购的影响者，采购的使用者也可能成为采购的影响者，甚至看似不相关的外部人员也可能成为采购的决策者。

（2）构建企业的营销作战单元　五大角色缺一不可，谁都不能忽视，哪一个都要重视，营销工作并不容易。确实，B2B业务开发一个新客户很难、周期很长，正因为如此，进去了被淘汰也不那么容易，越是费时费力开发出来大客户，生命周期就会相对越长。

为了全面而有效地应对客户端的采购决策单元，企业只有构建营销作战单元（图4-21），与采购决策单元的五大角色一一对应。营销作战单元的五大角色分别是：高参、主导者、支持者、一线和"知心人"，企业用营销作战单元的五大角色全面对应客户采购决策单元的五大角色，这才是真正的团队作战，这样才能摆脱对个人的过度依赖，提高营销的成功率，杜绝"跑单""跑客"现象出现。

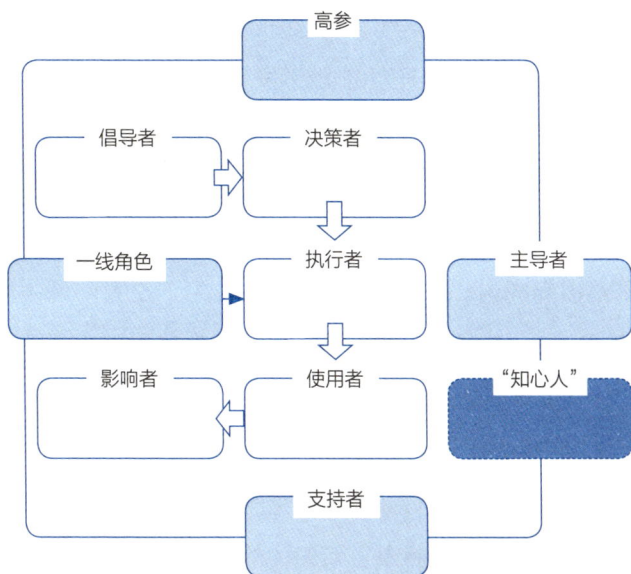

图4-21 营销作战单元

例如，客户端的技术人员多数内向、难以接近，大部分营销人员望而兴叹，对此最好的办法就是营销搭台、技术唱戏，企业的技术人员跟客户的技术人员直接互动，同一类人可以更快地建立关系。

所谓高参，是指客户开发的高级参谋，其实就是公司层面支援大客户开发的领导，他可能提建议、给资源，接受客户开发项目小组的调遣，必要时出马跟客户高层见面互动，在两家公司之间奠定合作的高层意志。重要的客户关系如果没有领导人之间的共识是难以形成的，营销人员要敢于反向调动，利用好公司的领导层。

营销作战单元的主导者是指客户开发的中高层负责人，他的工作是主导推进新客户开发的全过程。主导者必须是一个能看清全局、有思路、有策略、有主见、有执行力的人，他对应客户端的执行者和使用者，把握客户端的倡导者和影响者，根据需要策划活动和对接沟通过程，促成公司与客户之间的高层互动，驱动客户开发迈向成功。主导者必须有策划能力，是有创意、有开拓能力的人，一个出色的主导者善于判断客户的采购决策单元的五种角色，灵活调动公司资源，全面、动态地满足客户的五种角色需求，为客户创造更大的价值。

营销作战单元不可或缺的角色之一就是支持者，他们参与客户开发和营销工作，发挥着不可替代的作用。例如，技术人员参与技术交流、制定技术方案、打样、参与技术协议讨论等工作，生产部门参与缩短交期、保障供货、现场服务等工作，质量部门参与制定质量标准、检验方法一致化、质量业务管理和售后质量服务等工作。

营销作战单元当中的一线角色，是企业对应客户采购工作窗口的专员，可能是业务员、客户专员，重要情形也可能是主管、经理层面的员工，负责与客户端的日常工作往来，作为对接窗口收发信息、安排往来、管理进度、推动业务进展。

所谓"知心人"，是指理解销售方的优势、对销售方认可并愿意提供不违反职业道德的协助，以帮助销售方（企业）为客户创造更大价值的客户端员工。自然，知心人是了解客户的真实采购需求、决策流程、决策标准或决策单元的员工。

怀海涛、赵雅君老师在《行知世界》一书中提到，企业应该跳出客户看采购决策单元：竞争对手也是可能的影响者，搅局、掺和、抹黑——不管怎么做都是为了破坏对我方有利的决策，但影响的对象还是客户采购的倡导者、决策者、执行者和使用者。因此，企业就需要在客户端有"知心人"。

对于B2B业务，企业可以利用镜面原理，制定客户开发流程，推进营销标准化，可以把很多有灵性的方法、工具和技巧通过流程集成在一起，可以把很多好的营销经验尤其是金牌业务员的优秀实践整合成企业的标准化体系，推动营销的团队作战，把销、研、产、财各大职能资源灵活运用到客户开发项目中。

四

快速送样流程的标准化

对于B2B业务，在新客户开发和现有客户业务拓展过程中，还有一个决定生死的环节——送样。很多机会都丧失在送样速度太慢、过程反复和质量太差等方面，虽然企业都在改善，但并没有意识到送样是营销行为，没有把送样放在应该有的高度给予重视，更没有意识到要提高具有优势的快速送样能力。当然，绝大多数的企业也没有意识到快速送样必须标准化。

1 将快速送样纳入正式工作

站在客户的角度，让谁送样就是想给谁机会，"送样"就是送未来；站在企业的角度，送样就是创造客户体验、快速建立客户信任，"送样"就是开拓未来。

反过来，客户给到企业送样的机会，如果送来的样感觉不好，就会把对供应商的大门逐步甚至立即关闭，这个感觉不好不只是结果不好，过程不好也会关闭机会的大门。

很多企业认为样品制作是纯技术工作，是技术部门的事情，没有认清这是非常重要的营销工作，甚至生产部门都心不甘情不愿地安排样品生产，下意识地认为这是额外工作，结果自然不好。

那么，企业该如何调整呢？

通过会议、培训，策划类似"建立快速送样能力"这样的研讨会，推进课题改善，正式把快速送样纳入正常的业务流程和工作安排，具体来说就是：由营销部门负责客户端的送样工作，将获取送样的数量和等级纳入关键过程指标管理；建立正式的样品计划，由营销部门的商务职能与制造的生产计划职能对接，像对待订单和主生产计划一样，营销部门向制造部门下样品订单，制造部门对应编排样品计划，每天接单、每周排产，除了完成正常产品的生产计划，同时还要完成样品生产计划，样品生产计划一样要做进度管理和出货跟进；跟订单交付一样，样品交付是生产部门的两大职责之一。

2 制定快速送样能力指标

快速送样的能力指标不是企业自己定的，而是由客户要求决定的。为了创造客户满意和竞争优势，企业还需要跟竞争对手进行比较，创造更优秀的绩效水平。

通常来说，快速送样的能力指标包括四个：送样周期、紧急送样周期，一次送样合格（质量），一次匹配成功（技术）。

送样周期是指从接到客户样品订单到客户收到样品时所花费的时间，一般以小时或天为单位衡量。这是一般情况下的送样周期。有的时候客户因特殊原因需要紧急送样，这个时候就有一个紧急送样周期，企业用特事特办的方法，走法拉利通道，极速制作样品、极速送达样品。紧急送样周期一般以小时为单位衡量。

一次送样合格是指每次送样一次性达到相关客户提出的技术要求，这是送样的原则性目标，就跟安全事故为零是安全管理的目标一样，企业必须以此为动力，不断提高一次送样合格率，对每一次送样失败事故进行分析和源头改进。

一次匹配成功则是指每次的样品应用到客户的产品后一次性满足客户的要求，这种匹配性不仅取决于企业提供的样品质量，更取决于客户的产品设计。企业必须以一次匹配成功为动力，不断提高一次匹配成功率，对每一次匹配失败事故进行分析和源头改进。

3 规范快速送样流程

快速送样涉及材料、技术标准、测量方法、质量标准、工艺标准、样品生产、样品包装和样品物流等，是跨部门的工作，仅仅靠技术一个部门是保证不了质量、也难以做到"快速"的。为了提高快速送样能力，企业首先要规范送样流程，使之明文化、可视化。

案例4-17 某企业快速送样课题改善

某企业生产业态电容器，为了提高市场应对能力，启动了为期半年的快速送样课题改善（见表4-9），目标是将样品交货周期缩短为3~6天。

表4-9　原送样情况表

月份	接到样品需求做好样品送回所需天数/天																						总批次数
	当天	1	2	3	4	5	6	7	8	10	12	13	15	16	17	18	20	22	24	27	38	
1	10	18	2	22	6	2	0	1	1	1	6	0	0	2	2	4	1	18	0	0	0	97
2	2	2	6	3	1	2	0	5	2	0	2	0	0	0	0	0	0	0	0	0	0	23
3	8	15	12	10	15	4	16	14	11	0	1	9	0	0	0	0	0	0	0	2	1	118
4	19	13	5	10	1	2	18	8	3	0	2	0	1	0	0	0	0	0	3	0	0	85
5	7	5	15	11	11	19	10	0	0	0	0	0	0	0	0	0	0	0	0	0	0	78
6	14	5	9	2	2	2	6	2	0	0	2	0	0	1	2	0	0	0	0	0	0	45
合计	60	58	49	58	36	31	50	30	17	1	13	9	1	2	2	4	1	18	3	2	1	446

分类	3天以内	4~6天	6天以上
批次	225	117	104
比率	50.45%	26.23%	23.32%

他们组建了由10位成员参与的跨部门小组，梳理目前实际的送样流程，统计分析上半年的样品交期业绩：3天以内的225批次，占批次总数的50.45%；4～6天的117批次，占批次总数的26.23%；6天以上的104批次，占批次总数的23.32%。

小组全体成员经过对现有送样状况的调查和对流程的梳理，讨论分析得出影响样品交期的以下三大原因：

1）样品材料采购周期长。

2）样品生产流程烦琐，需进行优化。

3）没有制样的专用设备，与量产有冲突。

为此，小组成员制定了六项措施进行改善，如图4-22所示。

1）所有可能的样品材料按合理库存提前开发、采购，建立样品材料库存。

2）提前索样进行试验。

3）缩短印字模具采购周期，做到当天下单、第二天到厂。

4）工程部接到样品需求信息后调查成品和材料库存及申购材料的环节，由一人负责，对口各部门完成。

5）评估申请增加5～8拍半自动封口机一台。

6）评估申请增加手工印字机一台。

经过一个月试验，效果改善（见表4-10）。3天以内的交期样品达到79批次，占72.48%；4～6天的14批次，占12.84%；6天以上的16批次，占14.68%。

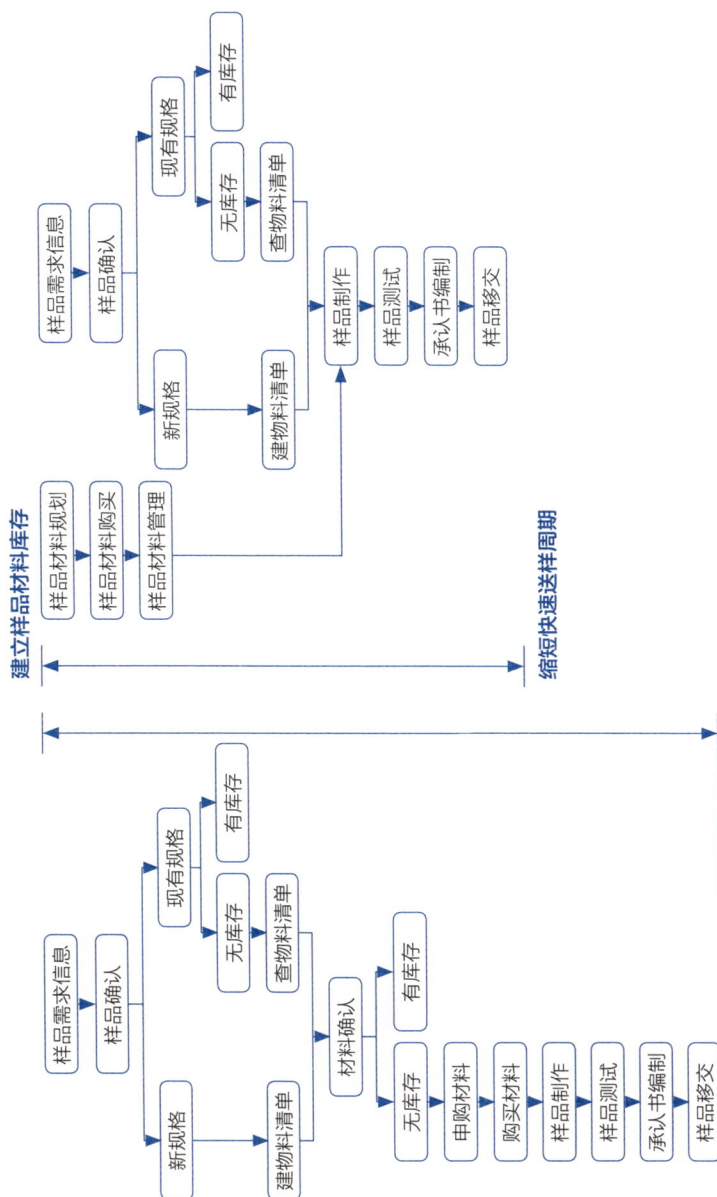

图4-22 六项改善措施

表4-10　送样改善表

交期	接到样品需求做好样品送回所需天数/天																				合计
	当天	1	2	3	4	5	6	7	8	9	10	11	12	13	14	15	16	17	18	19	
10月	31	14	32	2	3	6	5	2	1	3	0	7	0	0	1	1	0	0	0	1	109
分类	3天以内				4~6天					6天以上											—
批次	79				14					16											—
占比	72.48%				12.84%					14.68%											—

通过专题改善，课题小组取得了以下成绩：

1）样品交期6天以内的占比达到85.32%，6天以上的送样批次大幅减少。

2）缩短样品材料交期，投产样品提速。

3）增加常用产品规格到样品库。

4）缩短外购贴片电容器的交期。

改善前和改善后对比明显，见表4-11。

表4-11　送样改善前后对比

阶段	3天以内	4~6天	6天以上
改善前	50.45%	26.23%	23.32%
改善后	72.48%	12.84%	14.68%

缩短样品交期的改善，对外提高了客户满意度，对内缩短了客户开发周期和获取订单的能力，小组决定继续努力，进一步把6天以上交期的批次降下来。

4 建立快速送样小分队

把"送样"改为"快速送样",这样可以提高员工的速度意识。组建送样小分队则可以责任到人,进一步缩短时间。

基于优化之后的快速送样流程,明确每个环节的责任部门和操作人,组建小分队,召开会议,进行必要的培训,跨部门的快速送样工作人员成了"一家人",这些经过挑选的人员都有各自的"绝技",一旦接到任务就可以快速打配合。

企业应像对待正式订单一样对待样品订单,向安排批量生产一样安排样品生产,在流程、绩效和人员等方面推进快速送样流程的标准化,提高快速送样能力,在实质性的业务开发环节建立优势,这样企业就能更好地抓住客户。

五

大客户开发项目的标准化

一般来说，B2B业务的客户开发会经历比较长的时间，营业收入规模越大的客户开发周期越长，很多国内企业想与在华外资企业做业务，从正式接触到成交，短的一年，两年是常态，三年的也有，有的企业在中途就放弃了，所以在高端客户上就难以突破。其实，开发华为等中国头部企业不也是这样吗？

为什么开发一个大客户要花那么长时间呢？

这跟管理成熟度有关。像松下、丰田这样的跨国公司，企业管理成熟度高，在供应商开发、供应商维护、样品检测、新产品开发等都有非常成熟的流程，对关键环节有明确的判断标准和决策流程，有的时候开发一个新供应商，样品要送到日本检测，仅仅这个环节就要3个月甚至半年的时间，如果不清楚客户端的采购开发流程和样品检测流程，就抓不住关键步骤，大客户开发就会"死"在路上。

据此，企业就要提高自身的管理成熟度，从而匹配大客户和高端客户的要求。企业不但要加强营销标准化体系建设，更要用项目管理促进团队作战、加快开发速度，也就是说，要把开发大客户当作项目来做。

1 设立大客户开发项目，建立一体化的客户开发机制

对于B2B业务，目标客户都非常清晰，对照客户画像就可以很快列出清单。确定要开发某个客户时，经过前期分析就可以立项，之后成立项目组，启动大客户开发工作。例如，要开发华为，就成立"华为项目组"，用一个又一个的项目拉动全面的大客户开发。

项目是一种工作方式，项目式工作的优点是短、频、快，在规定的时间投入有限的资源，集中优势兵力，达成既定目标，一个项目结束另外一个项目又开启，很多的时候是多项目同时推进。用项目方式进行大客户开发管理，可以加快客户开发的节奏，这也是销、研、产一体化工作的好方式。

2 组建大客户开发项目组和多元化项目团队

营销作战单元有五大角色：高参、主导者、支持者、一线和"知心人"。成立旨在开发某个大客户的项目组，讨论开发流程、落实具体工作，项目组的成员一般包括营销作战单元的四大角色：高参、主导者、支持者和一线。"知心人"是在客户端的，一般不进入项目组。

一般来说，主管领导作为高参担任项目顾问，提供高层次建议，必要时出面与客户高层见面互动，还要协助调动公司内相关资源。

主导者就是客户开发的负责人，一般担任项目经理。客户开发的主导者可能是营销人员，也可能是研发人员，这要看客户主营业务的特点、企业自身产品和服务的特性及切入机会的技术含量。例如，要搞定华为这样的高新技术企业，首先要迈过相应的技术门槛，由一定层次的技术骨干担任项目经理就会比营销人员担任项目经理更好。

客户开发的支持者要根据客户的供应商开发流程涉及的内容选定，一般来说，除营销部门，技术、质量、生产、采购、物流甚至生产技术（工艺）和财务等部门都要参与，这样可以确保信息共享、所有工作能顺畅推进，避免卡在某一个部门、某一个点上而拖长了开发周期。

一线就是企业与客户之间的工作窗口，一般由营销人员担任，负责与客户端的事务往来跟进，协调内部资源对应客户要求，如果说项目经理是大客户开发的总导演，一线窗口就是大客户开发的副导演。

人太多了也会影响讨论的效率，建议一个项目组由5~8个成员组成，对于工作量少、也不那么重要的部门，根据需要临时调动即可。

3 遵循项目管理模式推进大客户开发

推进项目一般有立项、明确目标、制订方案（含激励设计）、推进计划、过程实施、节点发表、成果总结和横向推广等步骤。大客户开发项目就要结合客户开发的业务特点，活用项目管理的流程、方法和工具，做好创意策划，激活项目团队，共创、共享项目成果。

必要时企业应设立项目作战室，所有大客户开发项目都在这个物理空间进行可视化展示，推进研讨、召开周会和月会、进行日常互动交流等，这样做可以创造轻快的项目节奏，另外还有一个好处，就是使大客户开发项目成为一种共识，打破部门壁垒，培养全员面向客户工作的群体习惯，将"全面缩短客户距离"落到实处。

4 设立客户经理，建设良好客户关系

开发一个大客户很难，丢掉一个大客户却很容易。

在完成客户开发之后，企业成为客户的供应商，为了确保常态化的订单状态，一定要进行客户满意度的管理，从每一次交付到每个月的供应绩效评价再到半年或一年的评价，最高目标是拿到年度优秀供应商，成为客户战略合作伙伴，稳固跟客户的长期合作关系。

基于这个思路，很多企业成立大客户开发部门，设立客户经理岗位，对重要的客户由专人负责客户关系维护，建设良好的客户关系。

也就是说，通过项目完成了大客户开发之后，项目经理将客户关系建设的责任就交接给客户经理，扶上马、送一程。项目经理和客户经理可以是同一个人，也可以是不同的人，视具体情况而定。

5 要形成大客户开发项目的标准化

真所谓"不当家不知柴米贵",有钱收才有钱花,相对营销部门,生产、研发、财务、人力资源等部门离客户距离比较远,通过大客户开发项目,各部门共同参与客户开发和市场拓展,亲临战场参与作战,更能知道各个业务部门对于公司经营而言有什么存在价值、目的和意义,更能理解客户和相关部门的需求,有利于形成一体化,一个拳头打出去更有力度,更快地响应市场需求。

通过一两个项目实践,把大客户开发的操作模式形成一套标准,用流程、基准、作业文件、表格工具等呈现出来,创造适合企业自己的大客户开发模式,用于所有的客户开发过程,不同职能领域、不同能力水平的同事在项目机制中优势互补、打配合,这样就能做到普通人也能创造高业绩。

将业务开发标准化内容纳入营销手册

业务开发包含两个大阶段：一是客户开发，就是第一次批量订单交付，成为客户的正式供应商；二是建设客户关系，进行常态化交易，不断巩固客户关系，形成战略性合作关系、长期合作关系。只有这样，前期投入的资源才能创造最大、最持久的市场回报，才有经营效率可言。

1 加强标准化，提高营销效率

与B2C业务相比，B2B业务的最大好处就是重复交易，开发一个大客户很难，做好客户满意度管理和客户关系建设，进去之后要被淘汰也不容易，越是管理成熟度高的客户越重视供应链建设，越知道好的供应商对于自身竞争力的重要性。

向对待生产工艺流程一样，基于营销标准化、加强变化点管理，是确保企业的营销职能活动有稳定产出的重要方法。

2 团队作战，个人带不走客户

很多中小企业经常出现营销人员辞职后"拐跑"客户的现

象，究其原因，还是客户认的是业务员而不是公司，进一步探究，就是单兵作战埋下的祸根：企业与客户的合作关系太脆弱。试想一下，如果客户开发过程中销、研、产各部门都参与，两家公司的老板也彼此认识，技术匹配、质量匹配、交期匹配、产能匹配和人员匹配都做到了，其中一个角色的人员流动怎么会破坏两个公司之间的合作关系呢？说到底，还是供需双方的管理成熟度都低，其实买方企业随意更换供应商一样在冒风险：跳槽业务员带来的新东家是不是能完全满足自身要求存在很大的不确定性，经办人员甚至也因此带来职业风险。

加强业务开发标准化，通过团队作战开发客户、维护客户，企业与客户之间建立的是组织与组织的关系，合作更稳固，企业更不容易流失客户。

3 将业务开发标准化纳入营销手册

企业的营销标准化体系，既要体现在一系列的体系文件中，也要体现在讲义、课程和案例当中，最终要整合成营销手册用于营销实战，并且在这个过程中不断完善、升级。很多企业创立多年，久经市场考验，至今仍然没有一套成型的营销打法，没有形成组织的营销力，现在便是着手编写营销手册的时候了。

第五章

业绩管理标准化

业绩管理标准化包括三方面内容：业绩滚动管理、业务员待办事项列表（To Do List，简称TDL）、激励机制，见表5-1。

表5-1　业绩管理标准化

序号	项目	内容	工具包	输出
1	业绩滚动管理	建立（优化）三个月销售预测和月度业绩管理机制，提高预测精度和业绩达成率	销售预测模型	• 三个月销售预测机制 • 月度业绩管理机制
2	业务员TDL	建立业务员周报（TDL）管理机制	TDL行动清单	• 业务员TDL周行动清单 • 营销周会机制
3	激励机制	建立健全营销激励机制，包括精神激励、物质激励，以及个人激励、团队激励	企业激励体系建设地图	• 营销人员业务提成方案优化 • 营销荣誉体系设计 • 大客户开发项目激励设计 • 1.2亿元/1.4亿元月冲刺调薪方案

在B2B业绩管理标准化中会用到三大工具，创造八大输出。

三大工具分别是：

1）销售预测模型。

2）TDL行动清单。

3）企业激励体系建设地图。

创造的八大输出是：

1）三个月销售预测机制。

2）月度业绩管理机制。

3）业务员TDL周行动清单。

4）营销周会机制。

5）营销人员业务提成方案优化。

6）营销荣誉体系设计。

7）大客户开发项目激励设计。

8）1.2亿元/1.4亿元月冲刺调薪方案。

VUCA时代$^{\ominus}$，精细、精准的业绩管理，有助于快速调整营销策略和进行资源调配，确保和挽回销售进度，保证年度经营目标实现。

$\ominus$ VUCA时代是指我们生活在一个不稳定性、不确定性、复杂性、模糊性的时代、境况或者世界中。VUCA 是 Volatility（易变性）、Uncertainty（不确定性）、Complexity（复杂性）、Ambiguity（模糊性）的缩写。

业绩滚动管理

滚动管理是指不仅要关注本月M0的销售状况，更要关注接下来M1、M2、M3三个月的销售趋势。因为，销售都有一个销售周期，通常是三个月。如果发现趋势不理想，或者累计销售达不到预期，就要马上策划和开展营销活动进行催化，而这个营销活动的效果一般在M3阶段才能够体现。换句话说，本月的业绩，是三个月前的工作决定的，而这个月所做的工作（活动）是为了三个月后的订单。用一句通俗的话表达，就是吃着碗里的、盯着锅里的、想着地里的，如图5-1所示。

同样，M1的时候，就要关注M2、M3、M4的销售趋势，这就是滚动预测机制。

根据销售预测，一方面要对产能负荷进行分析和计划，据此进行人员对应安排，包括考勤调整、招聘计划等；另一方面，开展预见性采购工作，包括外发制作、原材料采购等，据此财务需要实施资金计划，对资金到位时间和资金量都要进行预测。这一

⊖ M 指月份，即英文中的 Month。

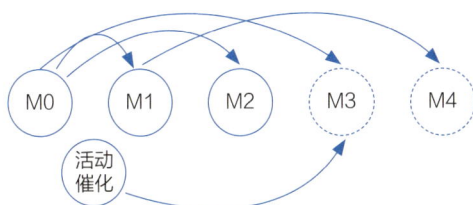

图5-1 销售滚动预测示意图

步运营得当，可以保证项目按时、保质、保量交付，从而满足客户需求，改善库存周转率，提升资金流动性，从而提升资金的增值能力，如图5-2所示。

图5-2 销售执行示意图

这里所指的产能，除常见的生产领域外，适用于绝大多数领域。例如，讲师合作型的培训公司，它的产能主要是运营能力，根据销售预测，可能就要提前储备合格的运营人员以保证项目的顺利交付；如果是自有师资团队的培训公司，那么产能就是讲师的时间。

业绩管理细分下来包括三个方面：销售业绩管理、新产品开发业绩管理、新客户开发业绩管理。

销售业绩管理包括三个维度：回款金额管理；出货（交付）业绩管理，包括应收款的管理、订单管理两个维度。

由于B2B的销售，客户数量是相对确定的，因此，在做销售业绩管理时，一定要以客户为中心，考虑客户维度，这为我们对客户进行管理（重点进攻、定级、调级）提供依据。

有些做业务的人只管卖东西不管收款，这是不行的。只有把单接回来、把单送出去、把钱收回来，这个销售的过程才算完成。

根据营销的4P理论，产品是营销中重要的组成部分，是买卖双方结合的载体。结合产品生命周期和波士顿矩阵，对产品进行改造、升级、开发及由此带来的销售额和销售利润变化是销售管理中不可或缺的。

新产品开发业绩管理包括四个阶段：立项项目、开发项目、测试/试产项目、上市/量产。在开发前应进行详尽的财务分析和项目分析，预期项目投入产出（销量和利润状况），然后对各个阶段的进度、成本等进行管理，重点是提前做好营销和宣传，确保在上市日期前完成开发并在市场关注度最高时投放。上市/量产后要持续关注市场和客户反馈，以便优化、升级、改造。

客户有生命周期，为保持源源不断的客户需求和销量及利润率，持续进行新客户开发是销售中非常重要的部分。新客户开发分为四个阶段：有效联系/接触、送样/体验、入库、获得首单，其业绩管理也是围绕上述四个方面利用漏斗模型进行管理的。

上述业绩管理的三个方面不是单独进行的，而是交融在一起的。销售业绩如果只包含现有客户、现有产品的销量增加，这往往很快就会遭遇瓶颈，因为客户面临的也是需求不断变化的市场，因此提升销量的另一个重要方法便是新产品开发、新客户开发。

B2B销售形态是以客户为第一区分维度，表5-2中的A客户是合作客户，企业应围绕销售业绩管理回款金额、出货额/交付额、订单额三个项目，对接产品型号/系列，关注截至目前的累计销售情况、当前差距、当月销售情况、未来3个月的业绩情况，从而快速判断接下来的行动方向。

表5-2中最下面的一栏是向A客户推荐的新产品n，要重点关注新产品在A客户端的销售情况。

年度目标-当前累计=现有差距

现有差距-销售预测=预期完成情况

差距-（M0+M1+M2+M3）>0，要马上开展营销活动催化订单。

差距-（M0+M1+M2+M3）<0，目前趋势良好，防范风险即可。

再结合回款金额，就是说客户付款不及时，要及时展开催款活动，效果不理想时要进行商务洽谈，必要时放缓出货和接单动作。

出货/交付不理想时，要组织团队分析原因，开展精益革新活动，提升交期销量，从而加快回款速度，提升资金增值能力。

表5-2 销售滚动管理表

客户	负责人	项目	型号	类比	年度目标	差距	M	当前累计	对应项目占比	M0	M1	M2	M3	M4
A客户	客户经理1	回款金额	产品a（金额/数量）	计划										
				实绩										
				差距										
				分析/说明										
			产品x（金额/数量）	计划										
				实绩										
				差距										
				分析/说明										
		出货额	产品a（金额/数量）	计划										
				实绩										
				差距										
				分析/说明										
			产品x（金额/数量）	计划										
				实绩										
				差距										
				分析/说明										
		订单额	产品a（金额/数量）	计划										
				实绩										
				差距										
				分析/说明										
			产品x（金额/数量）	计划										
				实绩										
				差距										
				分析/说明										
			产品n（金额/数量）	计划										
				实绩										
				差距										
				分析/说明										

订单不理想时，要分析原因，根据原因开展营销活动或客户关系管理活动，提升订单的预期达标率。

今天的销售业绩是两三个月之前的工作成果，现在的营销工作决定了两三个月之后的业绩，如果发现这个月的业绩不达标，立即采取营销动作是来不及的，这样并不能马上创造业绩出来。所以，企业一定要进行未来三个月营销业绩的预测，建立滚动管理机制，发现未来的问题，及时采取对策。

企业进行销售滚动管理还有一个很重要的目的，就是提前进行重要物料的采购和产能组织，对于采购周期非常长的物料，基于未来三个月的销售预测进行提早采购，预见未来三个月的出货要求，提早进行人员和模具等准备，避免出现交不了货的订单损失。

很多营销人员会认为市场千变万化做不了预测，"计划不如变化快"，因此拒绝做未来三个月的销售预测，殊不知，正是因为市场千变万化所以更要预测，基于预测进行的应对会更有效，不做销售预测的应对很容易造成混乱局面。至于预测准确度的问题，众多企业做出来的结果是：持续进行销售预测的企业，最终都可以将准确度提高到80%以上，有的企业甚至超过90%，这也是管理成熟度的反映。

二

有效的月度营销会议

会议是管理工作的得力助手。会议开得好，可以快速推动工作，促进经营。在营销领域，月度会议也是必不可少的，它提供了一个总结过去、展望未来的好时机、好平台。因此，月度营销会议是以确认进度和制定对策为中心开展的，管理得当的企业会在当月25日召开月度营销会议。为什么不是最后1天或者下个月月初呢？再次强调，月度营销会议是以确认进度和制定对策为中心，由确认结果转为确认进度、制定对策，是管理前置的重要动作。每月25日开会，确认当前的销售业绩及当月的销售预测，预计有差距，可以马上采取应对措施，说不定就能挽回当月的业绩；即使没有差距，也可以为扩大销售计划或加快达标计划赢得更多的宝贵时间。如果等到每月最后1天或者下个月月初，当月一切已成定局，当月已经没有时间调整，只能推动次月挽回，增加了次月的压力和不达标的风险。

会议相关的资料，应该提前2天发送至会议组织方和营销管理负责人处，以便相关人员做好确认，包括内部确认及与客户的确认，确保相关人员可以提前思考行动对策。会议参加者包括营销部门主管以上人员、全体总监或组长级、总经理、总裁等管理者。营销就是经营，因此营销会议在一定程度上也是经营会议。

时间原则上控制在2小时内。会议过程中各方人员应确认清楚数据和信息，为分析和对策制定提供可靠基础；重点在对策，运用甘特图清楚描述5W3H，为行动和计划落实提供具体指引。

销售进度除了当月销售和三个月的销售的计划、实际业绩对比外，还要进行与去年同期对比，更多维度把握和预测，并从5M1E[⊖]的角度进行分析和制定对策。对于主要的客户，还要一个一个确认计划实际业绩差距，包括累计、当月预测、滚动三个月，对接到客户端S（sale，销售）-P（production，生产）-I（inventory，库存）情况、重点产品销售状况、新产品开发进度情况，挖掘扩大销售的机会。接下来就是运用5-why分析工具[⊖]、业绩改进8D[⊜]、项目^⑭等工具展开课题分析和跨部门工作小组，实施挽回计划或扩大销售计划的行动。

因此，我们的思维一定要调整：月度营销会议，千万不能叫作月度总结，总结是基于已有情况进行的归纳，而月度营销会议强调的是基于现状、对接目标而采取的面向未来的行动动员会议。

⊖ 5M1E 是造成产品质量波动的主要六个因素的总称。5M 是指人（Men）、机器（Machine）、材料（Material）、方法（Method）、测量（Measurement）；1E 是指环境（Environment）。

⊖ 5-why 分析，又称"5 问法"，也就是对一个问题点连续以五个"为什么"来自问，以追究其根本原因。

⊜ 8D 又称团队导向问题解决方法，是福特公司处理问题的一种方法。8D 是解决问题的八条基本准则或称八个工作步骤，但实际应用中有九个步骤：D0——征兆紧急反应措施；D1——小组成立；D2——问题说明；D3——实施并验证临时措施；D4——确定并验证根本原因；D5——选择和验证永久纠正措施；D6——实施永久纠正措施；D7——预防再发生；D8——小组祝贺。

⑭ 项目：在给定的费用和时间约束规范内，完成一项独立的、一次性的工作项目，以期达到由数量和质量指标所限定的目标。

营销事前管理：业务员行动清单

1 重视和正确填写TDL

To Do List，行动清单，从词义上看就是行动化的，毫无疑问，这是指引业务员营销行动的有力工具，是一个事前管理的工具，如图5-3所示。

本周课题		
营销活动	A公司：送样 B公司：产品企划确定 C公司：方针发布会	投诉、质量 回收金额

活动计划			
时间	9点	12点	17点
周一	销售会议	拜访A公司	技术交流会
周二	质量会议		
周三			
周四			
周五			
周六			
周日			

图5-3　行动清单

1）本周课题是围绕销售业绩的关键客户、关键事项行动。根据二八原则，关键事项肯定不会多，所以在这个模块，通常是三个事项左右。

2）活动计划是每天的备忘录，即对每天的特别事项进行规划和提示，确保工作不遗漏且业务员的工作是围绕客户和销售展开。

将52周的行动清单收集起来，进行时间分析，就能清晰知道业务员的时间利用情况，为后续保持或优化时间利用率提供数据支持。

2 以营销周报／周会的形式跟进和指导

行动清单的执行情况要以周为单位进行小结，用CAPD（C：对照检查，A：对策，P：计划，D：行动）闭环思维进行滚动管理，如图5-4所示。

在TDL周总结中，活动的情况可用一句话简明扼要地阐述清楚；课题的开展情况，也是提纲挈领式地讲明白。但这部分内容简洁不简单，争取一两句即可说明情况。

这个部分的内容，其实是业务员为自我管理和工作管理所做的行动投资，并不是为了应付检查或者考核而糊弄出来的文字。

执行TDL的目的是提升业绩水平。B2B销售是以客户为第一维度的管理，因此每周做滚动管理、进行计划—实绩—差距分析、制定对策、策划下周活动，是降低业务员迷失于日常事务非常重要的举措。以上内容可确保每周行动后，业务员能离目标更近一步。

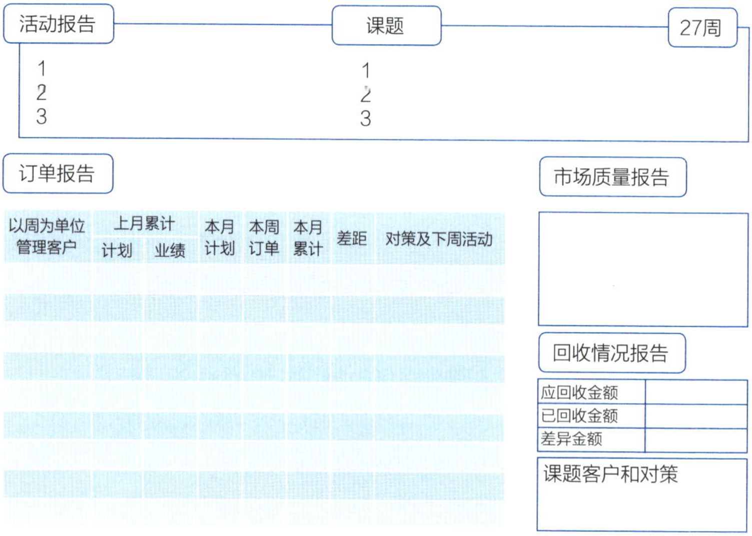

活动报告		课题		27周
1		1		
2		2		
3		3		

订单报告

以周为单位 管理客户	上月累计		本月 计划	本周 订单	本月 累计	差距	对策及下周活动
	计划	业绩					

市场质量报告

回收情况报告

应回收金额	
已回收金额	
差异金额	

课题客户和对策

图5-4　TDL周总结

四

兰彻斯特＋ABC法则的概述及应用

1 理解兰彻斯特法则

兰彻斯特是出生于英国的技术工程师，天生具有强烈的好奇心，从汽车工程师到航空工程师再到成为英国国家航空顾问委员会成员并研究了实际空中战斗的数字，兰彻斯特的研究从未停歇。他被交战过程中双方兵力变化关系对战斗结果产生影响这个问题深深迷住和触动，进一步去收集各种地上战斗的资料，以探索兵力的变化和损耗量之间是否具有某种关系或法则的存在。这就是兰彻斯特法则的由来。第二次世界大战后，兰彻斯特法则被逐步引申到营销战略管理中。

根据兰彻斯特法则，利用二维矩阵九宫图将客户的规模作为横坐标，用A、B、C分别表示大、中、小三个等级；本公司的占有率作为纵坐标，分为高、中、低三个等级，分别用a、b、c表示；通过不同的组合，将客户结构划分为九种类型。营销的目标是成为大规模客户中占有率最高的供应商。

企业提高销售业绩的路径有三条：一是找到采购规模大的客

户，二是提高在客户端的采购占有率，三是支持客户做大做强从而获得更大的销售业绩。

利用兰彻斯特＋ABC法则，将现有客户放进二维矩阵九宫图内，可以帮助企业识别重要的客户，避免将宝贵的资源投放在没有价值的客户中。具体来说：

Aa类客户是企业要重点保住的客户，因为客户的采购规模大、公司在客户端的占有率也高，这样的大客户是公司大盘的基础，不但是公司现金流的保障，还能分摊固定成本，如果调整好产品结构则可以创造更大的利润。

Ab、Ac、Ba和Bb四类客户是企业应该重点进攻的客户。Ab类客户的采购规模大，公司在客户端的占有率中等，还有提升空间；Ac类客户的采购规模大，公司在客户端的占有率低，也有很大的提升空间；Ba类客户的采购规模中等、公司在客户端的占有率高，帮助这类客户做大做强，企业的销售自然水涨船高；Bb类客户的采购规模中等、公司在客户端的占有率也是中等，在帮助这类客户做大做强的同时，可以提高公司在客户端的占有率。

Ca类客户可以作为企业第二梯队重点进攻的对象。该类客户的采购规模小，但是公司在客户端的占有率高，如果这个客户发展势头好，支持客户做强做大，企业也可以获得提高销售业绩的回报。

Bc、Cb和Cc类三类客户则是企业要注意避免浪费资源的客户。这些客户采购规模不大，公司在客户端的占有率也不高，是名副其实的小客户，不能作为主攻对象，如果产能有余量、小客户又有需求，顺带就把生意做了，但千万别作为主要工作。但是现实当中很多营销人员恰恰就乐此不疲地做着"小生意"，主要的原因是小客户的采购决策简单，很容易抓单，结果抓回来很多小单，宝贵的打样、生产和物流等资源就浪费在这些附加值不高的小订单上，实际得不偿失。究其原因，一方面是营销人员的"乞丐"心理和畏难情绪，生怕没有订单，又怕进攻大客户，就只拣这些小客户下手；另一方面则是企业的客户画像不清晰，客户开发完全放任营销人员自己选择，不是靠组织主导、团队作战。

利用兰彻斯特＋ABC法则二维矩阵九宫图，可以进行客户盘点，识别客户主次；还可以进行目标客户判断，识别潜在客户的重要性。

2 兰彻斯特营销法则的运用

（1）营销人员的攻击力法则　营销人员一个人的攻击力＝活动的质×活动的量，即营销人员个人的攻击力由其活动的质及其活动的量决定，通过提升其中一个或同时提升两个可以线性提升攻击力。

营销团队的攻击力＝活动的质×活动的量^2，即营销团队的攻击力由其活动的质及其活动的量的平方决定，提升营销团队活动的质和量均可提升攻击力，尤其提升活动量可以大幅提升攻击力。

结合上面的攻击力法则，营销人员应强化团队作战。

（2）营销人员的攻击量法则　营销人员一个人的攻击量＝停留时间×访问次数，即营销人员个人的攻击量由在拜访客户时停留的时间及其拜访客户的次数决定，提升其中一个或同时提升均可提升攻击量。

营销团队的攻击量＝停留时间×访问次数^2，即营销团队的攻击量由其拜访客户时停留的时间及其拜访客户次数的平方决定，提升其中一个或同时提升均可提升攻击量，尤其提升拜访客户的次数，能够大幅提升攻击量。

通过结合攻击量法则和客户分级表，营销人员的关键工作就出来了。对于A级客户，营销人员应该高频度、长时间接触；对接到行动清单，每周都要重点关注A客户的销售业绩及客户销售、生产、库存（S-P-I）情况，从而策划针对A客户的下周活动和制定对策。对于B级客户，保持中等频度、中等时间的接触，每两周关注企业的情况。对于C级客户，进行低频度、短时间的接触即可，管理也以月度为单位进行即可。

五

营销激励机制

所谓激励，是指以能够满足个体的某些需要为条件，强化个体通过高水平的努力实现组织目标的意愿。激励的达成是个体和环境相互作用的结果。

一种未被满足的状态会带来紧张感，进而在身体内部产生驱动力，内驱力会产生寻求行为，促使个体去寻找满足需要的特定目标，如果目标达到，个体需求就会满足，并进而降低紧张程度。这就是激励的过程，如图5-5所示。

```
┌──────┐   ┌────┐   ┌────┐   ┌────┐   ┌────┐   ┌────┐
│未满足│ → │紧张│ → │驱力│ → │寻求│ → │满足│ → │紧张│
│的需要│   │    │   │    │   │行为│   │需要│   │降低│
└──────┘   └────┘   └────┘   └────┘   └────┘   └────┘
```

图5-5　激励的过程

激励是否有效，跟被激励对象的需求相关。出生于不同年代的员工、同一员工不同年龄段、不同性别，需求都不相同。因此，同一个激励措施会对不同人产生截然不同的效果。

例如，钱对70后员工的激励作用非常明显，而对90后员工就不那么明显；90后员工多数还处于一人挣钱一人花的阶段，对钱不太在意，但到30多岁承担起养家糊口的重任时，升职加薪的激励作用会得到空前提高。能够调离生产一线进入办公室，对于绝大多数男员工来说不那么有吸引力，但对于大多数女员工就是香饽饽。

因此，在进行激励设计时，要充分考虑各类员工的需求，否则就是钱花了，员工却不买账。

1 MBO⊖目标体系与绩效管理

目标设置理论指出，有一定难度的具体目标和工作意图结合起来才是有效的激励。指向一个目标的工作意向是工作激励的主要源泉。明确的目标能够提高绩效；一旦我们接受了困难的目标，会比容易的目标带来更高的绩效；反馈比不反馈带来更高的绩效。

企业年度经营目标分解为各个部门的关键绩效指标（KPI），通过这种方式将外部的压力传递到企业内部，使各级目标一致化，变压力为动力。而部门中的班组和个人通过目标与关键成果（OKR）设定过程目标，两者若干次的沟通最终达成一致，诱发指向目标的工作意向，为工作激励提供源泉。

2 薪酬福利

合理有效的薪酬体系是营销人员开疆拓土的助跑器。设计业

⊖ MBO 指目标管理法，Management by object。

务人员的薪酬体系时，对内要充分考虑岗位差别、人员差别、业绩差别，体现价值导向、层级差距，让营销人员感受到公平，否则会令其产生紧张感、感到不公平，从而可能发生不希望发生的变动，譬如减少工作投入、跳槽等。因此，设计者考虑的差距要与业务人员选取的参照人之间差距尽量吻合，减少角度不对称带来的无用功。薪酬体系变革中重视过程设计，对内要及时做好营销和推广；对外要有竞争力，特别是业务增长关键岗位、业务升级密切相关岗位的薪酬，要采用领先型薪酬和福利，否则吸引不了"凤凰"，也无法给现有队伍带来冲击和希望。

薪酬设计时，既要有个人导向，也要有团队导向，以促进进攻客户时的营销攻击力和攻击量的几何级增长，从而缔造组织营销力，同时打造出人才辈出的组织机制。

福利也是激励设计中重要的部分。五险一金、法定假期等属于基本福利，是好企业必备项目；国内外先进企业交流学习、国际名师专题分享、额外的带薪假期等均属于高级福利，是面向特定人员的灵活福利，应该允许员工从众多福利项目中选择，允许每个员工选择一组适合其需要并符合其情况的福利。企业应改变传统的使用了50年的"一种福利计划适用于所有员工"的现象。在进行激励设计时，可以将对应激励与福利灵活结合起来，提高激励方案的有效性。

3 晋升与发展

营销人员可以发展为销售精英，主要通过个人实现业绩增长，并由此带来组织对技能、能力、经验、资历的认同，以及组织予以加薪、晋级等的物质与非物质奖励。另一个发展通道是营销管理，根据营销人员在业务深度、业务广度上能力的变化赋予更多的责任，譬如通过接班人计划、委职锻炼赋予员工管理责任，并由此带来关联的薪酬基准、考核标准、职务福利上的变化，譬如营销经理级以上人员不仅考核个人业绩、同时考核团队内业绩和经营财务绩效等，或者安排到国内外商学院参加工商管理硕士（MBA）学习且报销学费等；又或者复合型专业人才，譬如高级销售工程师，享受同级别管理人员待遇等。以上介绍的这些都是营销职业发展的路径。

4 荣誉体系

除了实惠的相关物质激励，荣誉体系设计也是不可或缺。具体可参考"京东五类人""华为八层级""腾讯人才盘点九宫格"，如图5-6和图5-7所示。企业设计荣誉体系时，同步考虑纵向连贯、横向可参考，明确标识物，重视宣传和展示。

图5-6　京东五类人：价值观第一，能力第二

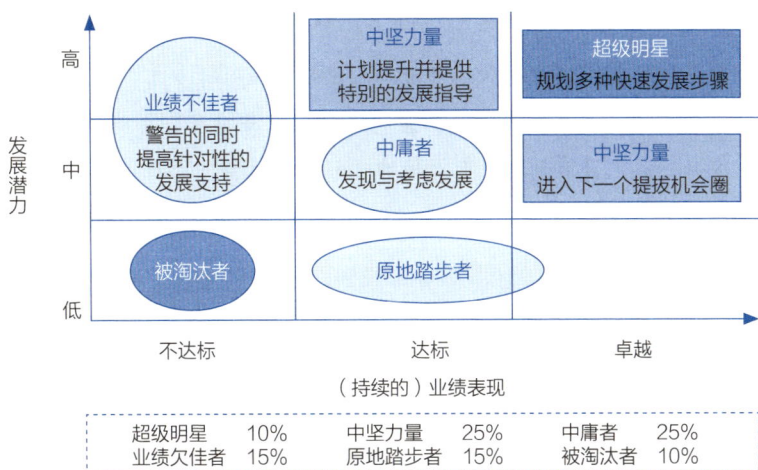

图5-7　腾讯人才盘点九宫格

营销业绩表现取决于营销激励机制是否有效。因此，建立健全的营销激励机制是业绩管理标准化中的关键环节。归结起来包括精神激励、物质激励、个人激励、团队激励四个方面。

案例5-1　行动上支持，成就上认可，经济上奖励

某位有争议的业务员因为家庭原因即将离开公司，手上有个正在对接的客户，该客户对公司产品很感兴趣但迟迟未下单采购，究其原因是希望产品适当降价。按相关法律规定，员工只需办好交接手续即可，但是该员工坚持提出联合技术进行降本改善的合理化提案，公司非常重视，专门组织了专家论证会，发现这是一个非常简单可行且效益可观的改善提案——就是改变"铁棒磨成针"的设计方案，减少过剩的加工余量从而降低成本，于是马上组织力量实施，一年可节约成本大约47万元，从而成功拿下该客户的订单，使公司增收40多万，最终公司向他本人发放奖金4000多元。

有些员工不理解，但公司坚持这样做，并没有因为他表现上有争议，并且已经离开公司而对他的贡献另行对待。

行动上支持、成就上认可、经济上奖励，这就是该企业开源增收活动的基本政策！

从建立健全的营销激励机制的四个方面进行展开，分为七大模块二十二个管理内容，如图5-8。

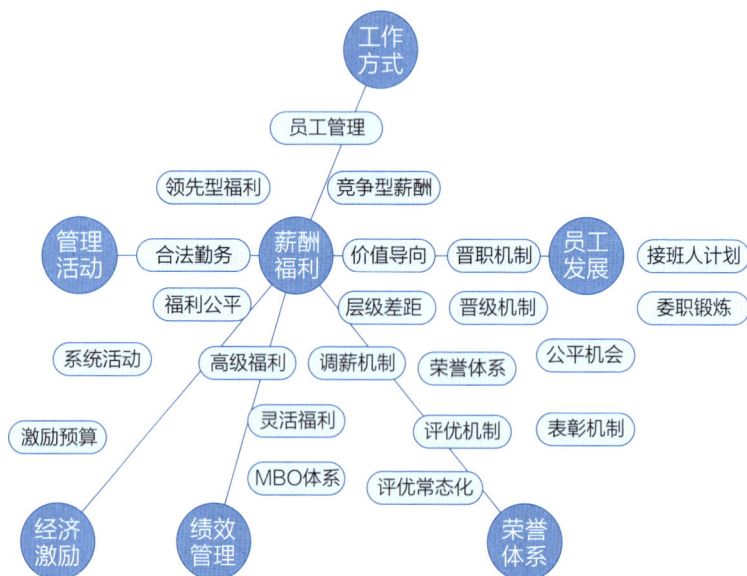

图5-8 营销激励机制

七大模块分别是薪酬福利、绩效管理、经济激励、管理活动、工作方式、员工发展和荣誉体系。

22个管理内容分别是竞争型薪酬、价值导向、层级差距、调薪机制、高级福利、福利公平、合法勤务、领先型福利、员工管理、灵活福利、MBO体系、激励预算、系统活动、晋职机制、晋级机制、公平机会、委职锻炼、接班人计划、荣誉体系、评优机制、表彰机制、评优常态化。

接下来用几个案例说明一下。

案例5-2　营销人员业务提成方案优化

某商务礼品企业由于历史原因，一直都是采用直接的销售额×10%的方式按月发放业务提成，公司也因此冒出了一些业务精英。但问题也比较凸显：业务人员流动直接带走大客户、团队业绩始终不能快速扩大、新人上手难出不了业绩、回款不理想等。提成方案优化时，应从经营角度、组织发展、价值对等角度综合考虑，侧重从纯粹的个人提成转变为个人+团队的方式。

优化后效果见表5-3。

表5-3　优化后回款效果

分类	商机线索	方案/技术	商务谈判	产品交付	售后服务
专员级别 （回款业务费比率）	1%	3%	3%	2%	1%
主管级别 （团队回款业务费比率）	—	2%	2%	1%	—
经理级别 （团队回款业务费比率）	2%	—	—	—	—

通过将销售过程拆分为若干个有机部分，运用项目组配合作战的方式，重复发挥各成员能力特点、优化配置，提升组织效能。

📑 案例5-3 营销荣誉体系设计

荣誉来源的核心是公信力。以下为某保险公司的荣誉体系设计方案：

古语有曰："君子疾没世而名不称，不患年不长也。"有德行的人只愁自己到死没有留下好名声，而不愁自己活不长久。古人对待荣誉尚且如此，更何况我们的销售队伍。越多的荣誉，代表着越多的勤奋、越多的付出，更代表着越多的收获。

2019年某企业总公司、分公司纷纷打造荣誉体系，为激励销售队伍中的精英。总公司的荣誉体系如下：

一、方案时间：2019年1月1日至9月30日。

二、方案对象：全系统渠道业务所有人员。

三、方案内容

（一）业务序列

1．期交标兵：每月期交有效保费大于或等于10万元或每月期交件数大于或等于4件的理财经理，获得"期交标兵"荣誉称号。

2．期交保费王：累计期交有效保费100万元（含）以上且排名全系统前100名的理财经理，获得"期交保费王"荣誉称号。

3．期交件数王：累计期交件数40件（含）以上且排名全系统前100名的理财经理，获得"期交件数王"荣誉称号。

4．百万大单王：全系统所有理财经理，单件期交保费超过100万元（含），获得"百万大单王"荣誉称号。

5．健康明星：累计健康险期交有效保费排名全系统前50的理财经理，获得"健康明星"荣誉称号。

（二）管理序列

1．十大经理人：营业部累计期交有效保费大于或等于100万元且排名全国前十，部门经理获得"十大经理人"荣誉称号。

2．十大总监：营业区累计期交有效保费大于或等于300万元且排名全国前十，总监获得"十大总监"荣誉称号。

四、统计说明

1．"期交有效保费"是指投保日期在方案期间且期内未撤保的期交保费。

2．业务序列内"期交保费王"与"期交件数王"不可兼得，按获奖理财经理排名靠前的奖项确定最终获奖奖项，其余奖项均可兼得。

3．"健康明星"奖项中健康险统计口径为康健无忧系列、多倍终极系列等。

4．竞赛期间的统计数据以总公司银行业务管理部的数据为准。

作为本企业的一员，为自己、为团队、为公司获得荣誉，赢得战役是人人应尽的责任。希望各位伙伴紧盯目标，达成业绩，为铁军荣誉而战！

案例5-4　大客户开发项目激励设计

A企业是一家民营军工企业，产品为整机系统、装甲车之类的产品。该企业有一支优秀的销售团队，实施典型的团队作战营销战术。按照项目组成不同的销售战队，从产品展示、合同跟踪、产品交付，一直到售后培训，全部由项目成员操作完成，项目目标比较高（销售千万元以上），一般持续1～2年。但是，因为客户相对比较特殊和高端，相应的高端客户开发、销售合同的谈判都是由该公司的总裁、技术总监和市场总监人员敲定。就是因为这样的销售模式，总监一直对团队的激励问题比较困惑：客户不是他们开发的，合同不是他们签订的，他们只负责其他销售辅助工作，该如何将销售收益同他们收入挂钩，激励他们为项目积极做贡献呢？于是总监寻求公司人力资源部帮助解决。

人力资源部激励操作思路如下：

营销团队工资按照公司薪酬制度保持不变，公司在此基础上拿出销售奖金。

一、根据销售合同标的大小确定销售团队比例，计算出销售奖金总额度。（销售额大于1000万元、小于1亿元的奖金的提成比例为3‰～5‰。）

举例：销售合同为1亿元人民币，按照4‰的比例提成总额为40万元。

二、将每个项目按照销售步骤分阶段，比如分为合同签订、产品交付、合同回款、售后培训等阶段，将销售奖金额度分配到这么几个阶段，实施阶段激励，每个阶段都会有阶段奖金。

举例：按照以上四个阶段分解，每个阶段为10万元的销售奖金。

三、对销售团队成员分阶段进行考核，根据成员承担角色、工作难度分配系数进行绩效考核，最终决定每个人的销售奖金比例。

举例：成员有5人，奖金分配权重分别为0.25、0.25、0.2、0.15、0.15，考核分数折合成系数，该阶段为10万元额度的奖金。那么，这个阶段销售团队可以获得表5-4中的奖金。

表5-4　奖金分配

序号	员工	分配权重	考核系数	计算公式	奖金/万元
1	A	0.25	0.9	10×0.25×0.9	2.25
2	B	0.25	1	10×0.25×1	2.5
3	C	0.2	0.95	10×0.2×0.95	1.9
4	D	0.15	1	10×0.15×1	1.5
5	E	0.15	0.8	10×0.15×0.8	1.2

　　分配权重时可以根据情况采用不同的方法确认，考核系数依据市场人员考核办法确定。

　　企业要想良性发展，一定要减少对老板的过度依赖，构建有市场拓展能力的基础体系，提高营销效率，缔造组织营销力才是出路。

　　企业要将营销能力从老板和营销精英身上转移到组织和团队身上，要务必将营销标准化，营销也完全可以标准化。这是一条必须走的路，企业及企业中的个体都要为此努力和奋斗，把营销的效率提升，如此才能集中精力做更有成就且更有意义的事情。期盼本书能为读者带来启发和帮助，在营销这条道路上越走越远，越走越顺畅。